Historical Turning Points
in World War II
二战转折史

大漠“猎狐”

阿拉曼战役

主编　石　磊
编委　石　磊　张胜杰　范　虹
　　　郑喜研　梁庆伟　梁风燕

非洲战场转折点，意大利投降
好战必亡，忘战必危。重温70年前的惊天逆转战
二战普及读物

WUHAN UNIVERSITY PRESS
武汉大学出版社

图书在版编目(CIP)数据

大漠“猎狐”：阿拉曼战役/石磊主编. —武汉：武汉大学出版社，2014.9

(二战转折史)

ISBN 978-7-307-14429-3

Ⅰ. 大…　Ⅱ. 石…　Ⅲ. 第二次世界大战战役—北非—通俗读物
Ⅳ. E195.2-49

中国版本图书馆 CIP 数据核字(2014)第 218985 号

责任编辑:聂勇军　　责任校对:汪欣怡　　版式设计:马　佳

出版发行：**武汉大学出版社**　(430072　武昌　珞珈山)
(电子邮件：cbs22@whu.edu.cn　网址：www.wdp.com.cn)
印刷:武汉中科兴业印务有限公司
开本：720×1000　1/16　印张:13.75　字数:194 千字
版次:2014 年 9 月第 1 版　2014 年 9 月第 1 次印刷
ISBN 978-7-307-14429-3　定价:25.00 元

前言

20世纪三四十年代发生的那场战争，将世界范围内60%的国家拖入战车之中，战火遍及亚洲、欧洲、美洲、非洲及大洋洲；战争所带来的血腥杀戮，所造成的巨大破坏，长久渗透在战后人类社会生活的各个方面，给世界人民带来了巨大的灾难，是人类痛苦的总源，这场战争就是第二次世界大战。

战争，是人类矛盾的集中反映，是人类解决矛盾的终极之道。关于战争，有这样一首诗歌："飘溅的血液，嘶哑的呼喊，钢铁和肉体的碰撞，生命与死神的舞蹈，这就是战争，这就是战场。没有丝毫的犹豫，没有丝毫的退让，每一秒都有生命在流逝，回归天地的怀抱，这是一场没有胜者的竞技，只有黑色的大地见证曾经的惨烈……"诚如诗歌所描述的那样，战争意味着惨烈，战争意味着残酷，战争意味着破坏，战争意味着生离死别，战争意味着胜者为王、败者为寇！可是，尽管战争带来的是摧毁，尽管战争带来的是永别，我们却不得不承认，自从有了战争，它就始终如一道黑色的幽灵，与几千年的人类文明史相伴相随。

第二次世界大战是人类有史以来规模最大的战争，无论是战火波及的区域，直接或间接参与的国家，还是生命财产的损失等，没有其他的战争可与其相比。其所造成的冲击与影响，更是全面而深远，值得我们加以关注、反思。尽管大战结束近70年，物换新移，时过境迁，但它仍以恢宏的气势、深刻的内涵、丰富的底蕴，磁铁般地吸引着中外众多的军事家、历史学家、社会学家去探究和著述。

研究战史离不开战争本身，据历史学家统计，在整个第二次世界大战中，尽管大型战斗不下100次，但真正具有转折意义的战斗则只有5次，即“不列颠空战”——德军二战首败；“中途岛海战”——太平洋战场转折点；“阿拉曼战役”——非洲战场转折点；“斯大林格勒战役”——整个二战转折点；“诺曼底登陆战役”——德国法西斯灭亡，欧洲战事结束。由于此5次战争的重大性，它实际上又与其他大战紧密相连，透彻了解这5次战争，了解这5次转折战的背景、产生、准备、战况、结局，就等于把握住了第二次世界大战的内核，了解了整个战争的来龙去脉及整体走势。正是基于此种考虑，我们特邀请军内外一批学有专长的史学专家撰写了这套《二战转折史》。

本套图书可作为二战的普及读物。考虑到现代人的阅读习惯以及阅读时间，本套图书没有像其他同类图书那样连篇累牍地堆砌各种文字，因铺陈详尽从而堆成一本无法读完的“砖头”，而是去除各种无关人物、无关事件，只聚焦战争中最核心的要素、最精彩的部分，对这5大战争作冷静、客观的分析与思考。书中既有高屋建瓴的大场面描写，也有个性人物的细腻刻画，将整个战争进程以最精练的文字、最适宜的篇幅完美呈献给读者。

以史为鉴，可以知兴替；以人为鉴，可以明得失。此套图书的出版，无疑也是一本国情教育读物。中国是一个多灾多难的国家，中国曾经参加了两次世界大战，但由于国力的弱小，尽管两次都作为战胜国，但并没有获得应有的尊重，没有取得原本属于自己的权益，甚至作为战胜国还要签订丧权辱国的条约。如今，我们迎来了和平建国的时代，对于饱受战争创伤的中华民族来说，没有什么比和平更珍贵的了。然而一个优秀的民族，必定是一个尊重历史的民族，必定是一个懂得反省的民族，二战中14年抗战，对中华民族来说，是永远的国殇，永远的国耻，永远的警钟，永远的反省。它告诉我们一个亘古不变的道理：国力落后就要挨打，放松警惕就要挨打，武备松弛就要挨打！

古人云：国虽大，好战必亡；天下虽安，忘战必危。在第二次世界大战胜利 70 周年即将来临之际，我社隆重推出此套图书，也是借以提醒一些忘战人士，在当前和平与发展成为时代主题的背景下，战争其实并不遥远，发生战争的危险时刻存在，不珍爱和平是可悲的，但认识不到为了和平必须作好战争的准备更是不可原谅的。只有居安思危，常备不懈，勿忘国耻，有一个强大的实力作后盾，有一个强大的国防，有一支强大的军队，这才是维护和平和发展的最好手段。

历史是一面镜子，本套图书能使读者鉴往知今，同时，也能使读者在阅读本书之时，领悟到“多行不义必自毙”的真正内涵。这也是 70 年前的那场大战留给你、我、他（国）的最深刻启示。

编　者

2014 年 9 月

目录

引　子

引子

1945年4月27日，一支德意混合车队正向瑞士边境上的东戈市进发。在一辆带篷的德国军车上，躺着一位老者，他身披一件德国军大衣，头戴一顶德国士兵的钢盔，鼻梁上架着一副深色的墨镜。这位乔装打扮成德军士兵的人正是意大利法西斯头子墨索里尼。两天前，墨索里尼带着金银细软、机密文件以及法西斯小朝廷的遗老遗少逃出米兰，企图前往瑞士避难。当车队来到穆索镇时，恰遇准备通过瑞士撤回德国的一个德军车队。墨索里尼似乎看到一线希望，于是两个车队合二为一。

一路上，墨索里尼沉默不语，简直像个死人，可内心里却像开了锅，思绪难平：为何当年威风八面，如今却如丧家之犬？自己一向是善观风色的，在最有把握的时机卷入第二次世界大战，挑起北非地中海战火，为何到头来落得个一败涂地？

墨索里尼的确是在自以为最有把握的时机卷入第二次世界大战的。1940年3月，墨索里尼与希特勒会晤后，告诉意大利军方领导人："我已决定坚决按自己选定的时间和地点参加战斗。"军方领导人对他的参战决定心存疑虑，海军参谋长卡夫尼亚里上书坦言："在地中海上不管战争性质怎样发展，归根结底意大利海军的损失将是惨重的。不难看到，到了和平谈判之时，意大利不仅绝无寸土可得，恐怕连舰队甚至还包括空军，到头来都保不住。"

面对军方的疑虑和反对，墨索里尼保证战争会在短期内结束，至多三个月。希特勒的战车横扫西欧，墨索里尼认为趁火打劫的时机已到，便于1940年6月10日对英法宣战。法国投降后，英伦三岛成了孤悬海上的一叶方舟，飘飘摇摇，希特勒的空军对英国施行了肆无忌惮的轰炸，素有“雄狮”之称的丘吉尔领导英国军民在苦苦支撑局面。墨索里尼认为这是夺取英国非洲殖民地、建立环地中海的意大利帝国的千载良机，9月13日，他令格拉齐亚尼元帅率领大军进攻埃及，第二次世界大战战火烧到了多灾多难的北非。

北非是环地中海的一部分，埃及境内的苏伊士运河连接着地中海与红海和印度洋，埃及存则英国的地中海航道存，埃及不保，地中海航道便被掐断，英国所必需的补给便只能绕道好望角，这等于被扼住了咽喉。丘吉尔视保卫埃及与保卫英国本土同等重要，毅然决定向埃及增兵。

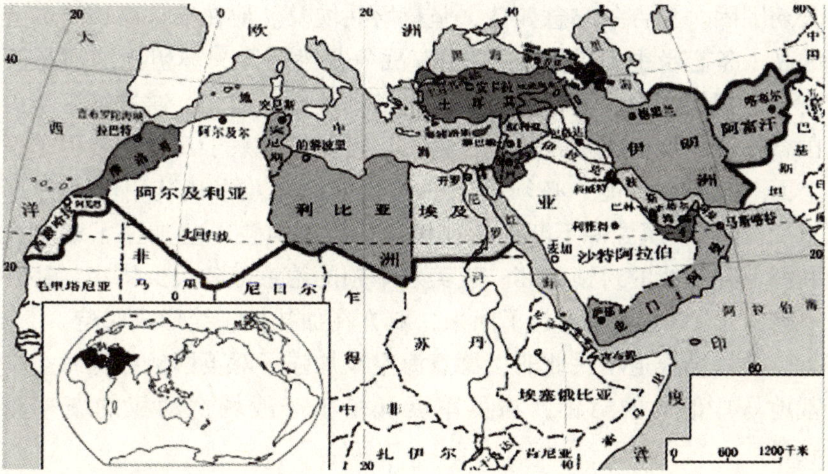

里尼，也急坏了希特勒。

墨索里尼不愿跟着希特勒的指挥棒转，推行所谓“平行战争”，即在轴心范围内各打各的。希特勒对此大为不满，却又无可奈何。希特勒的战略重心在欧洲大陆，视苏联为头号敌人。墨索里尼在北非扩大侵略，虽不符合德国的战略利益，却也或多或少能牵制英国的兵力。可墨索里尼马上连老本都要赔上了，希特勒怎能不急？1941 年 2 月 3 日希特勒向德国三军司令指出：虽然对德国来说，丢掉北非在军事上是可以接受的，但这会对意大利人产生强烈的精神震撼，意大利人担心英国以北非为基地轰炸意大利本土，便可能因此退出“轴心”，那将使德国的南翼失去屏障，从而大大损害德国的战略利益。希特勒遂派心腹爱将隆美尔，率德国远征军驰援北非。

隆美尔到北非便穷追猛打，连挫英军，并对英军托布鲁克要塞长期围困。丘吉尔心急如焚，坚持增兵埃及。他在给参谋长委员会的私人备忘录中尖锐指出：“中东战争是胜是败，苏伊士运河是否丧失，我们在埃及集结的力量是否遭到挫折或败北，通过红海与美国合作的一切希望是否落空，这一切可能完全系于几百辆装甲车辆上面。只要有可能，必须不惜一切代价把这几百辆装甲车运到那里。”英国援军源源不断地开往埃及，英国海空军也加强了对意大利海上补给线的封锁破坏。隆美尔率领的德意部队兵少将寡，补给不畅，于 1941 年底被赶了回来，双方在加扎拉一线形成对峙。

希特勒被迫增兵北非，德意海空军加强了对英国地中海海空军基地马耳他岛的封锁，与英军展开了争夺战场主动权的新一轮较量。

墨索里尼脑中闪过那辉煌的一幕：1942 年六七月间，隆美尔进抵阿拉曼，已快望到埃及金字塔塔尖了，自己也准备耀武扬威地进入开罗城。可惜希特勒不肯将大批德军投入北非，丘吉尔居然能让罗斯福围着他转，实行所谓的“边缘战略”，把打击重心先放到北非地中海。北非地中海战场是意大利和英国的主要战场，德国和美国的次要战场，丘吉尔能让罗斯福围着他的指挥棒转，自己却不能让希特勒跟着自己走，意大利怎会不败呢？

最使墨索里尼痛恨的是，1943 年 7 月德意部队与登陆的英美盟军正在西西里岛上酣战，反对派却发动政变，把自己从意大利总理宝座上拉了下来。后来幸得希特勒相救，才从软禁地逃了出来，在意大利北部建立了“意大利社会共和国”。然而大势已去，神出鬼没的游击队常搞得自己坐卧不宁，希特勒的日子也比自己好不了多少，三十六计，走为上吧。

突然一声令下，德意混合车队停了下来。原来，意大利游击队封锁了边境，正在检查车队。游击队员细细盘查，终于发现了墨索里尼。

1945 年 4 月 28 日，意大利游击队绞死了墨索里尼和他的情妇克拉蕾塔，并暴尸于米兰市广场示众。

第一篇
铁骑践踏下的北非大漠

古老贫瘠的北非，因其优越而敏感的地理位置备受历代战略家们的垂青。二战期间，围绕着这块不毛之地，轴心国和同盟国的军队展开了一场旷日持久的殊死搏杀。墨索里尼，这个历史上赫赫有名的投机分子，本想趁着大英帝国兵败欧洲之际，在荒凉的北非寻找点儿自信的力量，以圆自己的“新罗马帝国梦”，不料那不争气的意大利军队总也无法帮助他们的领袖实现其野心，战场上传递给他的永远都是被俘与失败的屈辱之声。

一、墨索里尼的帝国梦

在古老贫瘠的非洲大陆北端，有一片浩瀚无垠、黄沙漫漫的不毛之地，它西扼地中海通往大西洋的咽喉要道——直布罗陀海峡，东临欧洲通向中东和近东的必经之路——苏伊士运河，北濒有“欧洲腹部”之称的地中海，与欧洲大陆的三大半岛隔海相望。

在这块灼热的土地上，分布着摩洛哥、阿尔及利亚、突尼斯、利比亚和埃及这5个国家，由于其优越的地理位置、丰富的自然资源，加上便利的交通条件，千百年来一直是兵家的必争之地。从古代的腓尼基人、迦太基人、罗马人，直到近代的意大利人、英格兰人和日耳曼人，都曾对它垂涎三尺，必欲得之而后快。

1939年9月，第二次世界大战爆发，希特勒奇迹般地闪击了波兰，而后又挥师西征，直扑荷兰、比利时和法国，进而威逼英伦三岛。

希特勒席卷欧洲的巨大成功，强烈地刺激着他那位同样野心勃勃的意大利盟友墨索里尼。墨索里尼是一个天性为虎作伥的家伙，英国在北非的殖民地早已令他垂涎欲滴。面对眼前的大好形势，他非常得意地发现，抢夺地盘的时机已经成熟，他完全可以利用英国雄师被困欧洲之际来扩张他的“非洲帝国”。于是，他迫不及待地率领着他那貌似强大的意大利军队提刀上阵，准备趁火打劫，一举拿下北非。

其实早在20年代，墨索里尼在意大利掌握了政权后，就已经打起了夺取北非、重建地中海“新罗马帝国”的主意。1935年，他先是出兵东非，一举占领了意属索马里和埃塞俄比亚。后来，他在殖民地利比亚屯集了23万重兵，准备伺机夺取与东面一界之隔的英属殖民地埃及。1940年6月10日，即法国沦陷前不到两周，这个蓄谋已久的意大利独裁者终于把意大利也拖入了战争，开始正式向英法宣战，北非随即成为了第二次世界大战的又一战场。

墨索里尼之所以选择这个时候向英法宣战，基于他自以为是的两大便利条件：第一，德国的凌厉攻势已使英国陷入了极大的困境。虽然英国控制埃及由来已久，先是作为保护国的身份，随后又根据条约向埃及派驻了军队，但英军此时更为现实的想法应该是如何保护自己的大本营。由于两线作战，英军在人力、物力、财力资源上均已大量消耗。第二，埃及西临利比亚，埃塞俄比亚又与东非的英属殖民地相毗邻，而这两片小小的国土早已成了意大利的殖民地。如果英军不自量力奋起抗争，意大利军队完全可以布置大量兵力，向埃及实施两面夹击。

■ 墨索里尼

据此，墨索里尼制定出了自己的进攻战略：以东非的军队进攻英属索马里，控制红海南部的出海口；以北非的军队进攻埃及，夺取苏伊士运河。战略目的一旦达成，地中海即可成为“新罗马帝国的内海”。

为了早日实现自己的梦想，6月下旬，墨索里尼的军队便侵入了肯尼亚、苏丹和英属索马里。意大利人以10个师的庞大兵力一路高歌猛进，几乎没有遇到任何抵抗就很快向南渗透到肯尼亚，占领了索马里，从而打开了通往苏丹和埃及的道路。意军像一把巨型钳子从南部和西部向埃及步步逼近，这把钳子很快将摧毁驻埃及的英军，那时，意大利就会成为赤道以北的头号势力，墨索里尼对此深信不疑。

从哪里形成西线的包围圈呢？墨索里尼毫不犹豫地选择了利比亚。利比亚作为北非的战略要地，自 1911 年以来，就一直被意大利占领着。它与西西里岛的海上距离只有 483 公里，它东邻埃及，西接法国殖民地突尼斯和阿尔及利亚。而就在法国沦陷不久，利比亚两边的这两个法属殖民地国家就明智地采取了中立立场，这样，墨索里尼大可以放心地去重点进攻埃及了。

1940 年 6 月 28 日，墨索里尼命令他的意大利军队全面入侵埃及，去努力实现意大利人期待已久的梦想。然而，他的将军们的表现与他的雄心壮志相比，却显得不那么成比例，他们总是以缺乏足够的装备为由拖延行动的时间。8 月，当墨索里尼听说德国即将入侵英国时，他迫不及待地向意大利驻利比亚总督兼总司令鲁道夫·格拉齐亚尼元帅下达了第三道进攻命令。

有“屠夫”之称的 58 岁的老格拉齐亚尼元帅，是一个残酷无情且极端狂热的法西斯分子，曾因在镇压非洲土著民族反叛运动中功勋卓著，受到了墨索里尼的器重，被晋升为元帅。这位老帅虽经验丰富，但他深知这次面对的是一个强大的对手，况且英军在埃及的防务正在不断加强，任何轻举妄动都将带来不容低估的后果。然而，为了应付领袖的再三催促，情急之下，他只好召开了一次高级军官军事会议，在他的引诱之下，与会的军官们得出了相当一致的结论：目前意军的力量还远远不足，根本无法穿越沙漠去发动一场酣畅淋漓的进攻。

墨索里尼得知此事后像个咆哮的狮子怒吼道：“你们怎么能做出这种事来？太不像话了！堂堂一个陆军元帅，竟然与下属进行这种协商，我们罗马帝国的威严何在？”

老格拉齐亚尼元帅像个委屈的孩子老老实实地站在那里，任凭领袖近乎歇斯底里的训斥，也不敢再有任何的只言片语。他知道墨索里尼的脾气，此时哪怕只是再申辩半句，他都有解甲归田的危险。屋内的空气在凝固了足有一刻多钟后，终于慢慢平静下来，领袖呼吸均匀，看来怒火已经发泄得差不多了。

老元帅蹑手蹑脚地走到领袖的桌前，他试探着问了一句：“卑职有个想法不知当讲不当讲？”

墨索里尼一边拿起酒杯一边说：“说来听听。”

老元帅见领袖心有所动，连忙献计道：“德国人不是准备近期入侵英国吗？依卑职之见，不如等他们入侵发动之后，再实施您进攻埃及的计划。到那时，英军肯定以本土作战为主，至于北非那些失去主心骨的英军，必定无心进行有力的抵抗，取埃及简直犹如探囊取物，我们何乐而不为呢？”

老元帅努力地摇动着他那三寸不烂之舌，待说到口干舌燥之时，总算取得了预期的效果——固执的领袖终于动了心。于是，进攻一事再次被搁置起来。

转眼已到9月。罗马的初秋，天高气爽，尽管正午的阳光还略微有些热，但同烈日炎炎的夏季比起来毕竟柔和多了。阵阵微风送来一片清爽，空气中飘着一股淡淡的清香。在这本应心情舒畅的日子里，老格拉齐亚尼元帅却觉得仍像过炎热的夏季一样郁闷烦躁。因为他刚刚接到领袖的电话，让他立刻去罗卡古堡——墨索里尼的夏宫，领袖说有要事相商。

在路上，元帅就似乎闻到了一种不祥的气味。想想这段日子以来，希特勒入侵英国的“海狮”计划一推再推，迟迟不能实现，致使他进攻埃及的所谓策略很明显变成了托词。领袖早已迫不及待地想在埃及的街道上检阅意大利军队了，这次紧急召唤他，少不了又要为此事痛斥他一番。可他转念一想，不管他了，今天反正是豁出去了，哪怕是罢官杀头，也要向墨索里尼力陈进攻埃及的种种不利之处。在沙漠中，一打败仗就必然会引起迅速而全面的崩溃，此事非同小可，他相信领袖应该有这样的远见。

格拉齐亚尼踏进了领袖官邸，一抬头，远远就望见墨索里尼双手叉腰，怒目圆睁，弯眉倒耸，正在前厅过道里等着他。

“怎么样，我亲爱的元帅，进攻准备是否已做好？这么长时间了，想必准备得十分充分了吧？”墨索里尼不无讽刺地说道。

格拉齐亚尼一路上打好的腹稿刹那间烟消云散，不知从何说起了。他镇定了一下情绪，勉强说道：“由于意军在北非接连失利，加上英国援军源源不断地从地中海运到前线，埃及防务已大大加强，这不是意军经过一朝一夕的准备便能克服的。而且，意军一点儿机械化作战的经验都没有，在这方面绝非英军的对手。领袖也清楚，意大利拥有地中海上空制空权的种种说法纯属宣传，旨在鼓舞士气。另外，所需的许多摩托化装备都被积压在南斯拉夫边界，不能使用，意军力量分散，如果现在进攻，注定要打败仗……”元帅语无伦次、絮絮叨叨地讲了半天。令他惊讶的是，领袖居然没有打断他，只是靠在他那宽大舒适的座椅上闭目养神。格拉齐亚尼本来是准备挨骂的，这样一来，反而弄得不知所措了。

过了好一会儿，墨索里尼眼皮微抬，喃喃自语道：“看来，应该把任务交给那些希望提升一级的人去做了。”

格拉齐亚尼不禁起了一身鸡皮疙瘩，说实在的，他可不愿意冒降级的风险。不过，元帅还是振作精神进行着最后的努力：“亲爱的领袖，我恳请您再宽限一个月的时间……”

墨索里尼像是没听见他的请求，打断他：“听着，我在这里向你下达最后的命令，限你在两天之内发动进攻埃及的战斗，不管那个该死的‘海狮’计划实行不实行，否则，你这元帅的位置也到头了！”

就这样，在独裁者的横加干涉下，在司令官极不情愿的情况下，9 月上旬，意大利驻利比亚军队终于开始了他们拖延已久的行动，6 个师的意大利军队对埃及发起大规模的进攻。9 月 13 日，一支先遣队越过了边境进入到埃及西部的沙漠，紧接着 8 万大军在 200 辆坦克的掩护下，以游行队伍的方式从边境以西 3 公里处的一个叫卡普佐的村庄浩浩荡荡地出发了。

随着一阵嘹亮的军号声的吹响，一支穿着黑色衬衫、装备着短刀和手榴弹的法西斯突击部队趾高气扬地走在队伍的前面。后面，缓缓开动的是装运着大理石里程碑的卡车。这些大理石里程碑是意大利军队用来标示胜利进程的，也许他们自己并没有意识到，对于一支攻不能克、守不能固的队伍来讲，这样的东西显然准备得有些多余了。

意大利的先头突击部队穿过利比亚高原边缘的陡坡，沿着狭窄的海岸平原一路悠闲自得地向前推进，就好像在进行着一次并不正规的长途拉练，用了整整4天的时间，才推进了不足97公里的距离，来到了西迪巴拉尼小镇。格拉齐亚尼元帅一纸命令，部队全部停歇下来，一边安营扎寨、加修工事，一边乞求着元首增派更多的人员和供给品。

意大利人浮夸、散漫的天性在这一时刻暴露无遗。他们的军队不仅不擅长作战，就连建起防御工事来都拖拖拉拉、不紧不慢。此时，罗马的电台却还在大肆吹捧着前线上的胜利，他们把意大利军队修建的那些简陋而笨拙的泥草房简直美化成了一座钢筋水泥的大高楼。收音机里激情飞跃的声音，足以让后方的人们毫不吝惜地为他们前线的军队浪费着感情："亲爱的罗马市民，咱们意大利工程师的精湛技术真是令人叫绝，有轨电车又在西迪巴拉尼的大街上奔跑起来了，这是多么令人兴奋的事啊!"

格拉齐亚尼元帅命令意军修建的是一个由7大据点组成的呈半圆形的防御要塞，这道要塞从海岸边距离西迪巴拉尼以东24公里的马克提拉村开始，向内陆蜿蜒伸进80余公里。令意大利军官们甚为满意的绝不仅仅是这些要塞所具有的防御功能，他们更看重的是那些"军官俱乐部"之类的生活便利设施。有了这些设施，高级军官们就可以在战斗间隙听上一曲美妙的音乐，跳上一支华丽的舞蹈，再品尝一下用高级玻璃器皿盛装的冰镇白葡萄酒。如果有可能，意大利人甚至想在沙漠上踢上一场精彩的足球比赛。

希特勒对意大利军队这种坐观静待的战术行为深感忧虑，德国空军在英国上空所遭受的巨大损耗与重创，无法让希特勒镇定自若地看着他的同盟在北非战场上无所作为。他担心英军迟早有一天会从设在埃及的基地向意大利军队实施猛烈轰炸，这样一来轴心国在中东地区的利益必将受到严重损害，更可怕的是，这有可能影响到德军即将入侵苏联的"巴巴罗萨"计划。

10月4日，希特勒在与墨索里尼的一次会晤上，主动提出了愿意提供装甲部队和飞机大炮帮助格拉齐亚尼元帅早日行动起来，但他的这番好意却遭到了他那位傲慢自大的法西斯盟友的冷漠拒绝。

墨索里尼向希特勒表示："强大的意大利军队目前无需任何帮

助，我们一定会在10月中旬前重新开始伟大的进攻行动。”然而，他也并没有把话说绝，他同时表示：“欢迎德国在战役的最后阶段给予意军最强有力的援助。”

10月28日，意大利军队突然入侵希腊，希特勒对此事却一无所知，为了教训一下狂妄的墨索里尼，他决定暂缓给意大利军队的任何援助。

二、勇猛的英国装甲师

二战爆发之初，丘吉尔凭着其无可争议的军事才能，重掌海军大印，步入了英国政府的战时内阁。1940年5月，丘吉尔又在民众的一片呼声中临危受命，出任大英帝国的首相。

上任伊始，丘吉尔便大刀阔斧地重组联合政府，一改张伯伦求和谈判、寄希望于法西斯的仁慈的绥靖政策，毫不犹豫地对德意法西斯宣战。他在一次演讲中讲道：

> 我们的政策，就是用上帝所能给予我们的全部能力和力量，在海上、陆上和空中进行战争，同一个在邪恶悲惨的人类罪恶史上还从来没有见过的穷凶极恶的暴政进行战争。我们的目的只有一个，那就是胜利，不惜一切代价去争取胜利。无论多么恐怖，无论道路多么遥远和艰难，也要争取胜利。因为没有胜利，就不能生存，就没有大英帝国的存在，就没有促使人类朝着目标前进的那种时代的要求和动力……

面对德意虎视眈眈的严峻形势，丘吉尔果断确定了在欧洲取守势、在非洲取攻势的战略方针，尽最大可能将陆军投送到中东和地中海地区，其中增调至埃及的部队就有3个坦克团——皇家第2、第7坦克团和第3轻骑兵团。丘吉尔认为，非洲是英国唯一能够和敌人周旋的战场，具有较大的作战空间和防御弹性。他始终坚信，意大利帝国的毁灭将是英国在第二次世界大战中能够获得的第一个战利品。

当时英军在东非和北非一共驻扎部队5万人，由中东英军总司令韦维尔将军统一指挥，其中有3.5万人集结在埃及。英国皇家陆军第7装甲师是这支队伍中唯一的装甲部队。1940年6月16日，英军一支小分队秘密地越过埃及和利比亚的边境，采取偷袭的战法一举摧毁了意军的一个边境哨所，从此揭开了长达两年之久的非洲鏖战的序幕。

第7装甲师在师长克雷少将的指挥下，义无反顾地走向了大战的最前沿。面对意军部署小而散的特点，克雷大胆地把部队分成多路奇袭分队，频频越境袭扰，并屡屡得手，载誉而归。该师第11轻骑队战绩尤为突出。他们神出鬼没，经常大胆迂回，深入意军防线后方，以快速灵活的机动战术设埋伏、拔据点，搅得意军寝食不安、无所适从。

9月上旬，恼羞成怒的墨索里尼纠集6个师的兵力对埃及发起了大规模进攻，很快就占领了西迪巴拉尼城，然后安营扎寨，加修工事，并沿线筑起兵营，与东面的英军设在马特鲁港的防线形成对峙。

面对数量明显占优势的意大利军队，韦维尔将军不是坐以待毙，而是主动出击。虽然他性情孤僻、不善言辞，在第一次世界大战中左眼不幸被流弹击中而失明，佩戴的黑色眼罩似乎增添了几分神秘和狡黠，而且独断固执的性格，常使他对丘吉尔的建议不屑一顾，但他具有丰富的作战经验，对指挥协同、排兵布阵往往拥有很独到的见解。他认为：意军步兵数量虽多，但坦克质量老化、火力薄弱，应该充分发挥英军的装甲优势，兵分两路，果断反击，避敌锋芒，直插西迪巴拉尼，然后视情况攻占巴迪亚。

无边无际的北非大漠，宛如一片黄色的海洋，海洋中，一支长蛇般的队伍正在缓慢地游动。这些英国士兵身体瘦弱，面目黝黑，由于经受过严格的沙漠作战训练，他们在沙漠中行进了60多公里依然步伐矫健。

12月7日的夜晚，月明星稀，风沙阵阵。第7装甲师的坦克和装甲车辆如潮水般开出来，卷起股股浓密的沙雾，犹如一把利剑，直劈意军防线的间隙。意军急忙调兵遣将实施阻拦，无奈仓促应战，兵力一时难以集中，而且尚未摸准英军的真实意图，不好全力一搏，只有少数坦克在防线上急速射击。出乎意军意料的是，英军坦克并无拼杀之意，只令部分坦克略作抗击，其余则勇猛越障，直向西迪巴拉尼方向穿插。

12 月 8 日晚，一轮明月悬挂在空中，在月光的照耀下，英军开始对意军营地发起进攻。天气奇冷，坦克和卡车的引擎好不容易才发动起来，却马上就要投入战斗。营地的意大利军队似乎应该能够嗅到一种不安的气味，但他们什么也没有发现，眼底只有一望无际的沙地。

12 月 9 日早晨刚过 7 点，尼贝瓦据点的意大利守军还在煮咖啡，烤面包，准备吃早餐。等他们意识到这可能是最后的早餐时，英国的坦克和装甲车辆已进至兵营四周低矮而简陋的围墙，防卫墙上惊呆了的哨兵早被英军装甲车上的布朗式机枪所击倒。

伴随着尖锐的苏格兰笛声，装甲车内的士兵迅速奔出车厢，在“马蒂尔达”坦克的引导下汹涌地冲进了意军兵营。英军坦克里射出的炮弹击毁了 20 多辆停在营地外的意军 M-13 型坦克。意大利的反坦克炮火予以还击，但炮弹无法穿透英军坦克的装甲。混乱之中，意军骑兵的战马多数受惊，匹匹引颈长鸣，四蹄乱蹬，搅起一片沙尘。

战至上午 9 时，意军的第一座兵营在 3 小时内便落入英军之手。此战，意军被俘 2000 余人，死伤 200 余人，部分人员仓皇地四处逃散。当英军控制了尼贝瓦据点后，继续向北朝其他据点进发时，炮火刚刚轰了几下，一面面白旗就举了起来，一群群意军高举着双手从残缺的工事里缓缓地走了出来。

12 月 10 日，面对失利的战场态势，格拉齐亚尼元帅为保存实力，无奈地放弃西迪巴拉尼仓皇西撤。可刚行至布克镇东侧，就钻进了英军第 7 装甲师早已设下的伏击圈。一场激烈的短兵相接后，又有 1.4 万之众的意军成了俘虏，残余人员丢弃火炮近 200 门，慌忙逃过边境，退守利比亚的巴迪亚要塞。

巴迪亚是一座位于104米高的悬崖上、离边境线20公里的海岸要塞。这座军营里有45万人和400门大炮，防守线的前面是一道有3.7米宽的反坦克沟壑且遍地埋下了地雷。要塞指挥官安尼巴勒·贝贡佐立中将被认为是意大利军官中最优秀的一位。这位在西班牙内战中脱颖而出的将军，脸上蓄着一把火焰般的红色胡子，这为他赢得了一个“电胡子”的绰号。

1941年1月3日黎明，经过英国皇家空军一整夜的猛烈轰炸，澳大利亚军队在附近海上3艘战舰炮火的协同配合下，向巴迪亚发起了进攻。澳大利亚军队在一个将近13公里的战线上敲开了意大利人的防御工事，到次日黄昏时分，他们肃清了最后一批防守者，这次的战俘又有4万之众。“电胡子”不在其中，他已逃到靠西边113公里的海港要塞托布鲁克。但托布鲁克也绝非一处避难所，第7装甲师很快就包围了这座城市，澳大利亚军队随后赶到。驻守托布鲁克的意军经过36小时的激烈战斗，最后于1月22日投降。

第7装甲师在短短的时间内，连克3城，战绩斐然，仅俘敌就达7万余人。在英军梅沙马特鲁的战俘营内，一队接一队身着布满灰尘的绿色制服的意大利士兵人头攒动，挤满了广阔的操场。战俘营的英军长官只好下发许多帐篷、木头和带刺的铁丝，让他们自己动手建设“美好家园”。

意大利军队在托布鲁克战败后，退守到东利比亚弓形海岸西侧的大港班加西，等待来自罗马的援助。2月3日。当他们获悉英军准备继续西进的消息后，又诚惶诚恐地向西利比亚方向撤退。韦维尔将军收到空军侦察发回的情报后，决定展开千里大追杀。他命令部队兵分两路，一路沿弓形海岸从正面突向班加西，另一路直取班加西南侧，切断意军退路。

4日凌晨，茫茫大漠里出现了少有的宁静，天地一色的天空中变幻着奇妙的海市蜃楼，一会儿是几头高大的骆驼背着沉重的行李在牧民的吆喝下缓缓而行，一会儿有几只饥饿的沙漠秃鹰盘旋在无名的战场废墟上空，似乎在分辨半掩在沙堆里的人们是否真的死去。但这等绝妙的景色，随着一阵隆隆的坦克声，转眼间便消失得无影无踪。

克雷师长率领着第 7 装甲师和第 11 轻骑队，一头扎进了荒无人烟的戈壁。他们日夜兼程，顾不上过多的辛苦和劳累，凭着坚忍的意志，如期抵达了班加西以南 161 公里的贝达富姆地区，并迅速构筑起防御工事，建立起主阵地。

6 日晨，贝达富姆阻击战全面打响。意大利军队大批人马沿海岸公路向南蜂拥而至，走在最前面的是 100 辆巡逻坦克。第 7 装甲师充分利用仅有的 29 辆坦克，以逸待劳，依托发射阵地，凭借有利地形准确地向意军射击。英军突然而猛烈的炮火，打得意军顷刻间乱作一团，坦克频频被毁，升起股股浓烟。

渐渐地，意军队伍恢复了原有的秩序，排列着整齐的战斗队形，以绝对优势兵力向英军阵地猛扑。见此情景，克雷急令第 3、第 7 轻骑队派出轻型坦克实施阵前出击，从侧翼以准确的火力支援正面战斗，打乱敌军部署。意军受到两面夹攻，阵脚再次大乱。夜幕降临时，意军已有半数坦克横七竖八地丢弃在阵地前沿。

是夜，急于突围的意军发起了多次凶猛的反扑。战场上爆炸声连续不断，炮弹、曳光弹拖着长长的尾巴来回穿梭，密如织网。一时间，两军打得难分难解，夜幕下的混战时断时续。天亮时分，枪炮声渐渐稀落，偶尔一两声冷枪再也激不起双方疲惫的斗志，士兵们仅仅能够勉强睁着麻木的双眼，漫无目的地观望着。

只见阵前一位跛着脚的意军士兵，从一辆坦克残骸的右侧爬了起来，抖了抖身上的沙尘，在高举双手的同时乱叫着。不久，他的举动像瘟疫一样迅速传开，意军纷纷缴械投降，队伍中有个军官模样的人竟操着纯正的英语问道："你们能给我面包吗？"

7 日，英军顺利地攻占了贝达富姆，并于 9 日进抵通往利比亚的咽喉——阿盖拉，打开了进攻的黎波里的大门。在这场历时 3 个多月的反攻战役中，英军以 5 万兵力击溃了意军第 10 集团军，俘虏意大利士兵总数达 13 万，共击毁和缴获坦克 400 余辆，火炮 1200 多门，而英国和英联邦国家军队损失的人加在一起还不到 2000 名。同时，英军还向西跃进了 1300 公里，夺取了整个东利比亚，将意军远远地赶到了利比亚西部，赢得了对轴心国战争的第一个空前胜利。在这场战役中，英国皇家陆军第 7 装甲师以顽强的斗志和辉煌的战绩，受到了世界的瞩目。

三、求援希特勒

北非的意大利军队被英军打得落花流水，溃不成军，自然同英军的勇猛顽强、指挥得力、擅长沙漠作战等特点有紧密关系。然而，意大利军队自身存在的问题和缺陷更是惨败北非的致命原因。

虽然意大利军队人数众多，但由于受装备陈旧落后、缺少系统训练以及兵力结构不合理等因素的影响，致使它的军事素质和作战能力普遍很弱。

意军的 M-13 型主战坦克是仿造英国卡登·劳埃德的 MARKVI 型坦克制成的，机体太轻，引擎的马力明显不足，且因聚热过快，根本无法抵挡住英军炮火的攻击，就连自己的士兵都戏称它为“缓慢移动的棺材”。虽然意军还有 1939 年投产的 M/11-39 型中型坦克，但也仅安装了机枪和 37 毫米的火炮，攻击能力只处于 30 年代初期的水平，与英军的坦克力量相比，差距甚远。

同时，意大利军队还缺乏设计新颖、性能优良的反坦克枪炮和反战机火炮。其主要用于作战的野战炮还是第一次世界大战遗留下来的旧家伙，是对在凡尔登战役中的法国 75 毫米加农炮的仿造品。它的作战飞机也早已过时，根本无法适应现代战争的需要。

此外，意大利军队最糟糕的一点是，它庞大的军队主要是步兵，而且没有充足的运输设备，当时北非意大利军队的各种机动车辆加起来才只有 2000 辆，还比不上德国军队一个机械化师所拥有的数量，这使得它根本不可能组织起有效的快速作战行动。

除了这些客观缺陷之外，意大利军队糟糕透顶的军事领导班子也是其无法形成战斗力的重要原因。格拉齐亚尼元帅及其手下的主要军官都因缺乏足够的战斗热情而疏忽了对部队的指挥和检查。他们驻守的几个据点相互之间支持不够，防御设施的深度也明显不足。

1940 年 12 月至 1941 年 2 月，这个冬天的寒冷对于意大利的独裁者墨索里尼来说，应该是感受得最真切而深刻的。他那不堪一击的队伍在北非的战场上给他丢尽了颜面，偷鸡不成反蚀把米，这是墨索里尼做梦之前和做梦之时都没有想到的。

作为三军之长，墨索里尼似乎从未对自己平庸的指挥能力和决策水平产生过怀疑，即使是最惨痛的失败，那也是临战指挥官的责任，因为领袖的命令永远都是正确的。大为震怒的墨索里尼毫不留情地指责起可怜的老格拉齐亚尼元帅：“6 个将军被俘，1 个将军战死，你的战果真是辉煌啊！”痛恨之余，墨索里尼以战争失利为由撤销了格拉齐亚尼元帅的职务。

眼看着意大利人在北非的统治岌岌可危，墨索里尼如坐针毡，好不懊恼。情急之下，他已经没有别的选择了，只好暂时低下自己那高贵的头颅，冒着被耻笑的危险去求助他那位纵横欧洲大陆的德国盟友——希特勒。当然，墨索里尼十分清楚，这样一来，北非意军的指挥权就要全部转交给德国人了，可这也是没有办法的办法，毕竟他分享轴心国胜利果实的梦想从目前来看还算不上破灭。

希特勒面对意大利人在北非战场的失败，一方面大为恼火，一方面又有些幸灾乐祸。因为他打心眼里瞧不起那貌似强大、实则弱不禁风的意大利军队。非洲的战略地位不可小视，任何一种准备置非洲于不顾的战略思想都是不明智的，希特勒对这一点心如明镜。但在德国军队踏上非洲大陆之前，他还是希望英国人能够狠狠地教训一下意大利人，自己也好以一种“救世主”的面目出现在墨索里尼面前，让他不敢小瞧自己这个陆军下士。

墨索里尼忸忸怩怩地和希特勒见了面，准备忍受一番希特勒那近乎神经质的嘲笑和奚落，令他难以置信的是，希特勒给予了他最亲切而热烈的拥抱。当墨索里尼不好意思地请求德军增援时，希特勒更是慷慨激昂地表示，北非对意大利、对整个轴心国都至关重要，他无论如何也不会让意大利失去北非。为此，他准备派遣精锐的装甲兵团开赴北非，准备和英国人在地中海畔打一场沙漠里的坦克大战。

其实早在 12 月，英国重新夺取埃及的时候，意大利的最高指挥部就曾请求过德军的紧急援助。希特勒当时就答应派出100架轰炸机和20架护航战斗机前往西西里岛和意大利南部，用以保护意大利船只和作为攻击英国开往埃及的护航舰队。1月11日，希特勒发出正式指示，命令派遣1支德国狙击部队火速前往北非，全力阻止英国人的挺进。于是，历史上赫赫有名的“非洲军团”很快就组建起来了。

第5轻型坦克师是非洲军团的第一支部队。刚开始，它只有一个坦克连。第5轻型坦克师按计划本应在2月中旬赶到北非，但由于1月22日托布鲁克的陷落，计划不得不提前了。

失望地看着北非的意大利军队一个劲儿地朝向的黎波里撤退，希特勒决定派人先去利比亚了解一下前线的情况，然后再有的放矢地展开德军的北非行动。他派去的这个人就是一直担任第5轻型坦克师指挥的普鲁士贵族汉斯·冯·冯克少将，这位贵族少将也是被希特勒寄予厚望的担任非洲军团总指挥的首要人选。

“元首，冯克少将求见。”秘书的话音未落，冯克少将顾不上保持他那贵族派头，脚步慌乱地闯进希特勒办公室，在红色地毯上不小心绊了一下，险些摔了一跤。

希特勒不满地皱皱眉头：“慌什么？什么事这样急。”

冯克赶紧赔罪，接着向希特勒报告了他奉德军总参谋部的委派，去利比亚进行实地调查的情况。冯克将军显然是被沙漠英军势如破竹的攻势吓坏了，前言不搭后语地大谈意军的溃败。最后他说道：“我的元首，无论如何必须挑选一支狙击部队帮助意大利人防守的黎波里。我认为，原计划派出的部队太少了，无法挽救利比亚的局势。您知道，意大利人实际上完全垮了，英军一旦对的黎波里发起进攻，那等于是进入无人之境。”

听了冯克的介绍，希特勒内心震动也很大，但他表面上依然显得很冷静。“意大利人尽干蠢事，一方面发出惊慌失措的喊叫，把自己军队和装备上的弱点完全暴露给敌人，另一方面又过于妒忌和幼稚，认为一旦投入德国士兵的怀抱就有损于他们这一行动的光彩。如果德军能穿着意大利军服作战，那墨索里尼是最喜欢不过的了。”

“好了，将军，你的建议值得考虑，你可以走了。”希特勒说着，疲倦地挥挥手。

此刻，希特勒的第一个反应是，必须派出一支更大规模的德国部队前往非洲。希特勒认为，一旦英国人控制了利比亚，那等于是让他们把枪口对准了意大利的胸口，英国人很可能会迫使墨索里尼谈和，这样的结果是德意志所不希望看到的。与此同时，英国军队也可能会开进到叙利亚，威胁即将开始的“巴巴罗萨”行动，这无疑将严重损害到德意志第三帝国的长远利益。

想到这儿，希特勒伸手拿起话筒：“传我的命令，让总参谋部在原定的狙击部队第 5 轻型坦克师动身后，立即再派一个完整的装甲师前往北非。”就这样，粗具雏形的非洲军团规模又扩大了一倍。

放下话筒，希特勒转过身体，依稀望着窗外冯克少将已经远去的背影，心中不禁慨叹道：看来这位将军要撤换了！他对北非的局势过分悲观，显然是意大利军队的崩溃严重地影响了他的情绪。未来的北非战场必将是艰难而残酷的，这样意志薄弱的人无论如何也不能担此大任。看来，需要另找一位有名望的将军来指挥第 5 轻型坦克师了。

接下来，希特勒想起了埃里克·冯·曼施坦因中将，也就是那位成功策划了入侵法国行动的谋略大师，他有勇有谋，完全可以胜任这个非洲军团总司令的位置，但让希特勒顾虑的是，毕竟欧洲战场才是德意志帝国的主要战场，即将发起的“巴巴罗萨”行动更需要曼施坦因这样的将军，作为元首，他要让他的将军发挥出最大的价值，看来这个人选也不妥。

最终，被希特勒委以重任的是一位年轻的将军，他在西线战场上出尽了风头，在德国已成为一个家喻户晓的传奇人物，战败的战场上需要他的显赫名声，而且他还知道怎样激励部下，这个人就是曾担任过德国“魔鬼之师”师长，后来被称为“沙漠之狐”的隆美尔。

第二篇
横空出世的隆美尔

希特勒一直以厌恶和不安的心情关注着他的盟友在北非的一举一动，面对眼前的不利形势，他终于决定派出自己最信任的将军去收拾残局。

隆美尔的到来，使北非的形势以不可思议的速度发生逆转。隆美尔的血液里流淌着一种必须迅速实现欲望的“闪电战”精神，正是这种精神使他和他的非洲军团取得了节节胜利。在他来到北非沙漠后的第15周，德国人就已重新夺回哈尔法牙关，高傲地站在了通往埃及心脏地带的门户上。

一、隆美尔的传奇经历

茫茫无际的北非大漠显然是不太喜欢外人光顾的，尽管它本身可能充满着无限的热情。在沙漠的边缘，一群群意大利人带着满脸的疲惫、恐惧和对失败的无奈，朝着的黎波里的方向毫无秩序地撤退。士兵们一个个身穿破烂不堪的军服，瞪着惊魂未定的双眼。稍有职业素养的军人都可以看出，已经没有什么人能够让这支军队重新振作起来，去投入新的战斗了。

这是 1941 年 2 月 12 日的中午。

就在这支溃败的意大利军队上空，油光闪亮的德国“容克”式轰炸机像一条鲨鱼从地中海的那边飞过来，盘旋一圈后降落在的黎波里以南 24 公里处的贝尼托堡机场。待这架双引擎轰炸机停稳后，舱门立即开启，走下来一位矮个子的德国军官，从他肩章上那耀眼的两颗星可以看出，他是德国军队的一名陆军中将。

这是一位标准的军人，甚至可以称得上是位美男子。他有着健壮挺拔的身躯，轮廓分明的脸庞，宽阔匀称的额头，还有着挺直的鼻梁和突起的颧骨，小巧的嘴巴上有两片绷紧的嘴唇和一副带有轻蔑之意的下巴，从鼻孔到嘴角有几根严厉的线条，然而，当这些线条舒展开的时候，却显示出了一种近乎狡诈的东西。在那双碧蓝的眼睛里还含有一种清醒、敏锐、善于判断并能看穿一切的气质。

他就是埃尔文·隆美尔，德国陆军中最富传奇色彩的年轻装甲兵指挥官。他这次来利比亚肩负的任务就是阻止英国人把德国的毫无战斗力的意大利同盟军彻底赶出北非。

埃尔文·隆美尔，1891年出生于德国符腾堡州的首府乌耳姆，祖父和父亲都是地位卑下的小学教师，家境一般。按照德国军队的传统，不是贵族出身和军人世家子弟的人是很难晋升到将军的。但隆美尔自己的卓越表现和传奇经历使他攀上了军人生涯的最高峰，他能获得陆军元帅军衔在德国陆军史上被看做是一件不可思议的事情。

受"铁血宰相"俾斯麦倡导的军国主义思想的熏陶，普鲁士帝国时代的人们对军人有着一种近乎狂热的崇拜和向往。女人们热衷于追求年轻的军官，男人们见面则互致军礼，这种"尚武"的风气深深地影响了少年时代的隆美尔，出身卑微的他发誓将来要努力使自己成为一位受人尊敬的将军。

■"沙漠之狐"隆美尔将军

1910年，隆美尔应征入伍，来到本地的步兵团受训，这是那个时代每一个德国青年的必然选择。由于他训练刻苦，素质过硬，颇得上司的赏识，使得他很快就被列入了候补军官的名单。不久，他又进入了军官学校，接受了为期9个月的培训，毕业之后成了一名令人羡慕的少尉军官。

自从穿上军装、踏进军营的那一时刻起，争强好胜的隆美尔就被一种建功立业、出人头地的渴望折磨着，他时时刻刻都在祈求战争的降临，渴望能够在战火纷飞的战场上一试身手。

第一次世界大战的爆发，给年轻气盛的隆美尔提供了大显身手的机会，他凭借自己的献身精神和出色指挥，屡屡在战场上以少胜多、出奇制胜。他曾经率20名德国士兵一举俘虏过400多名罗马尼亚士兵，也曾以 100 人的兵力攻占过意大利人重兵防守的战略高地，迫使 1200 名意大利士兵举起了双手。更令人惊叹的是，他敢于率一支孤军深入敌后，连续强行军 50 多个小时，以区区百人的兵力俘虏了 150 名意大利军官和大约 9000 名意大利士兵。战场上的累累战功使得年轻的隆美尔成了德国家喻户晓的传奇式人物，为表彰他的卓越战绩，德皇威廉二世授予了他最高荣誉勋章。

一战的失败使德国失去了大片的国土和全部的殖民地，也使勇敢善战的隆美尔一下子失去了用武之地。由于有特殊的战功，他被幸运地留在了大规模裁减之后仅仅保留了 4000 名军官的陆军当中。

这位战场上的佼佼者在和平年代迅速失去了光彩，以致当年狂热崇拜过他的人们几乎快把他忘记了。平淡无奇的生活使他的升迁之路变得坎坷而漫长，从 1918 年晋升上尉起，这一军衔竟然整整伴随了他 12 年，这足以使任何一个雄心勃勃的年轻军官变得丧失信心、不思进取。

1933 年，已晋升为少校的隆美尔调到戈斯拉尔任步兵营长。这期间，他将自己在军官学校任教时的讲义整理出版，书名叫作《步兵战术》。这本书一经问世，就引起了德国军事专家们的极大关注和推崇，随后几年该书一再重印，并引起了纳粹党魁希特勒的注意。

机会，似乎在向这位上一次世界大战的英雄招手了。

苏台德危机爆发后，希特勒任命隆美尔担任他的警卫营中校营长，不久又晋升为上校。一直到德军大规模入侵捷克时，隆美尔一直担任着希特勒的卫队长，堪称天子近臣。

1940 年 2 月，希特勒决心要在西线发动一场大攻势，一举击败英法联军。希特勒决定放虎出山，让自己肩头的猎鹰去自由搏击长空。

他问隆美尔："我决定让你去当一名师长，你愿意选择哪一个师？"

"亲爱的元帅，我愿意得到一个装甲师。"

大战在即，隆美尔如愿以偿地出任第 7 装甲师少将师长。儿时的将军之梦得以实现，不禁使隆美尔大喜过望。他洋洋得意却又不失幽默地对妻子说："装甲师师长这个差事对于那些陆军总部的绅士们来说是不合适的，而对我来说却是如虎添翼。"

在他的领导下，第 7 装甲师的装甲车一路轰隆地开过法国。如果说在一战时隆美尔是靠士兵们的体力和意志来体现他灵活、快速、机敏的战术手段的话，那么现在所进行的这场战争，则要把他极富创造性和冒险性的卓越战术交由汽车轮子和坦克履带来实现了。开战伊始，隆美尔就率他的装甲师一路打头阵，战斗中他灵活指挥，身先士卒。他行动神速大胆，一天就能开过 240 公里，经常突然出现在法军防线的背后。

在他凶猛灵活的攻击面前，闻名于世的马其诺防线形同虚设，英法联军变得不堪一击。隆美尔的钢铁洪流似一股狂飙席卷着整个西欧大地，他让顽固而保守的英法将军们领教了一种全新的战法——"闪电战"。纳粹的宣传机器为隆美尔大造声势，把他捧为新德国将军的典范。

第 7 装甲师迅速成为整个西线战役最耀眼的明星，他们仅以伤亡 2000 余人的代价，取得了俘虏英法联军近 10 万人、缴获坦克和装甲车 485 辆、卡车近 4000 辆、火炮数万门的辉煌战果。

埃尔文·隆美尔又一次成了德国公众心目中的传奇式英雄。卓越的战功使他获得了中将军衔，而他所统率的第 7 装甲师也获得了一个令人恐怖的称号——"魔鬼之师"。

利用西线战争的间隙，隆美尔奉命回到德国小憩。一天，他突然接到元首的副官亲自带来的命令："隆美尔中将，命你速来柏林与元首会面。"

隆美尔顾不上和久别重逢的妻子告别，匆匆打点了一下行装，便随副官来到了希特勒的办公室。

希特勒见到自己的爱将非常高兴，西线的巨大胜利使得这个战争狂人踌躇满志，仿佛整个世界都在他的掌握之中。他热烈地和隆美尔握手，并对他在战场上所取得的辉煌战绩表示了由衷的祝贺。

寒暄一番之后，一向思维敏捷的希特勒突然话锋一转，对隆美尔说："将军，你了解北非近来的情况吗？"

"不太清楚，元首阁下，我只是在广播里听到了一些消息，而这些消息似乎都不是什么好消息。”隆美尔很坦白地说。

“是的，我们那位无能的意大利盟友把事情弄得一团糟。”希特勒对隆美尔说，“墨索里尼原本打算趁英军被我们打得落花流水之时，在北非大捞一把，没料想他那支不争气的军队根本就不是英国人的对手，尝到了苦头的他有意让我们和他共享这颗该死的苦果。”

隆美尔全神贯注，聆听着希特勒那极富煽动性的话语。

“意大利人在北非快要支撑不住了，而一旦他们被赶出北非，就意味着我们将失去地中海，这对我们未来的作战计划无疑具有重大的影响。”

“我们又能够做些什么呢？”若有所思的隆美尔轻声问道。

“在成事不足、败事有余的墨索里尼还没有吃到足够的苦头之前，我们什么也不必做。而现在他已经被打得奄奄一息，似乎我们不能再袖手旁观了。”希特勒盯着隆美尔，认真地说，“我准备派你去非洲，去担任我们即将组建的非洲远征军的司令官。北非那令人恐惧的沙漠和恶劣的气候，将会迫使我们不得不在困境中作战，我想我们的军队需要一位意志坚强的指挥官。当然，我不会让你单枪匹马、两手空空地去非洲，你将得到至少两个装甲师和几支人数众多的意大利师。”

隆美尔一听，不禁心中大喜，激动地说：“多谢元首的信任，我一定竭尽全力，不辜负元首的期望。”

非洲的艰苦是显而易见的，但和能够指挥千军万马的“司令官”一职比较起来，那点困难根本算不了什么。

隆美尔的欣然从命令希特勒笑逐颜开：“你到了非洲之后，在那里的最高军事长官名义上是意大利的加里波第上将，但对你有直接指挥权的是最高统帅部，你明白我的意思吗？”

隆美尔心领神会，意味深长地点了点头。

勘察完北非的地形，隆美尔期待的就是元首允诺的两个德国装甲师尽快到来。已被失败笼罩的意大利人急需一次胜利来使他们恢复信心，但这个胜利指望他们是不行的，他们已经被英国人吓成了“惊弓之鸟”。

1941年2月14日，一艘运兵船在意大利殖民帝国最明亮的珍珠——的黎波里港口处停住了。隆美尔的先头部队，德国第5轻型坦克师到了，士兵们整齐地排列在甲板上，心情激动地看着这片对他们来说异常神秘的非洲大陆。望着那些熠熠闪光的白色建筑，掌形的植物以及宽阔的林荫大道，有些人甚至开始觉得他们将会爱上这个地方。

第2天，隆美尔在的黎波里市中心广场上举行了盛大的阅兵式。身穿新式热带军服、胸前佩戴着令人生畏的骷髅头徽章的德国士兵雄赳赳地接受了他们所崇拜的司令官隆美尔中将的检阅，一辆辆涂上了像黄沙一样颜色的坦克和装甲车隆隆地驶过，把整个的黎波里都震得微微发抖。一连几天几夜，坦克一辆接一辆地驶过，把当地人看得目瞪口呆。

其实，这是一向狡诈的隆美尔为迷惑英国人而耍的把戏。为了对付英军的侦察，隆美尔命令部下用木头和纸板做了几百辆十分逼真的假坦克，借以刺激一下早已失去了斗志的意大利人，顺便也吓一吓早已严阵以待的英国人。而真正的坦克则为了避开敌机拍照，井井有条地转动着履带开过了茫茫的沙漠。

“我们要让敌人猜猜我们的实力，也可以说是让他们猜猜我们的弱点，一直到第5轻型坦克师的其余部队都到达这里为止。”这是隆美尔对坦克师指挥官的指示。

然而，还没等非洲军团的装甲部队全部到达，崇尚进攻的隆美尔就迫不及待地命令先期到达的第5坦克师发动了进攻。战前的一些欺骗手段使得英军确信隆美尔拥有一支数量惊人的坦克部队，因此他们认为任何抵抗都是徒劳的。在隆美尔半真半假、虚张声势的进攻面前，慑于他善战之名的英国人开始了总退却。

名将出马，果然身手不凡，隆美尔似乎天生就是英国人的克星。在接下来的一系列战斗中，英军真可谓吃尽了苦头，他们对隆美尔简直恨之入骨，然而又无可奈何。他们送了隆美尔一个十分不雅却异常形象的外号——“沙漠之狐”。

二、重夺要塞

在接下来的行动里，隆美尔摒弃了所谓“不得分化部队”的传统军事原则。他把手下的德国及意大利部队打散分化成 4 支纵队，每个纵队都有坦克、装甲车和卡车运送的步兵。然后他叫他们保持大致平行的队伍，分别朝北和朝东挺进到昔兰尼加半岛。

一直很活跃的第 3 侦察大队沿着海岸公路向北挺进，占领英军放弃的班加西港后，然后向东穿过沙漠，直捣梅智利的英军基地。第 2 支纵队跟随第 1 纵队到达班加西后，继续沿着海岸公路向德尔纳进发。在南边，第 3 支纵队由波纳特的机枪队和赫伯特·奥尔布里奇指挥的第 5 装甲团打头阵，将穿越沙漠经姆塞斯绿洲向梅智利挺进。最南边的第 4 纵队将直奔沙漠中心，通过一条古老的商旅小径前往梅智利以南 64 公里的腾格德尔。隆美尔希望，通过这 4 支强大部队的快速穿插，可以截断正在撤退的英国部队，并迫使他们投降。

沙漠，使一项本已艰难的计划更加复杂化了。除了海岸公路上的那支部队外，隆美尔的其他几支部队都遇到了残酷的沙漠荒原。汽车的车轮陷入柔软的沙子中，不适应沙漠气候条件的引擎因过热而卡住，其他机器里也塞满了沙尘。一队坦克在穿越一片干涸的盐碱地时，看到前面好像有一个巨大的湖泊，但等到走近时才发现原来是海市蜃楼。最糟糕的是，被贝都因人称作“基布利风”的狂猛沙尘暴会突然从撒哈拉大沙漠那边随风刮来，它可使温度上升到华氏 130 度，乌云般的细沙使能见度降到几乎为零。

隆美尔像一只老鹰看着自己的手下人遭受这些考验。当他不在士兵们中间时，他就在头顶的侦察机里，时而四处盘旋看看有没有走失的部队，时而低空飞行，鼓励将士们继续前进。一天早晨，他把一支正在撤退的英军车队误认为是自己的部队，差一点儿停在了他们当中。当飞行员和隆美尔看清了英国兵头上戴的钢盔时，飞行员在最后时刻把飞机拉了起来。

隆美尔甚至经常不让飞机着陆就发号施令。一支机械化部队疲惫不堪地停下稍稍喘息时，抬头看了一下，只见一个小盒子从飞机上掉下来，盒子里的命令是："你们再不立即前进，我就下来了。隆美尔。"

大批撤退的英国士兵正挤进土耳其人当年在梅智利修筑的一处要塞，隆美尔立即命令 3 支沙漠纵队向那里会合。不过，说起来容易做起来难，4 月 6 日清晨，隆美尔本人离要塞只有十几公里了，但他身边只有几个人。尽管他作了最大的努力，情况还是很糟糕，他的大批部队还散落在沙漠之中，没有燃料，饱受沙尘暴之苦，不知道确切位置。一些部队，尤其是拥有最多坦克的第 5 装甲团，根本联系不上，好像整个儿消失了。

气急败坏的隆美尔找到了第 5 轻型坦克师的指挥斯特莱克将军，命令他："你今天下午 3 点必须要发起进攻！"

斯特莱克有些为难地说："将军阁下，恐怕不行，因为我的部队大部分还没有赶到。"

此刻的隆美尔整整齐齐地穿着羊毛长裤和灰色紧身上衣，正站在那儿汗流浃背，而他看见斯特莱克竟然穿着凉爽而舒服的卡其布短裤，隆美尔禁不住大声咆哮："你简直是个懦夫。"

斯特莱克受不了这种侮辱，他气得一把抓住隆美尔的衣领，愤愤不平地解开自己去年在法国因为勇猛作战而获得的"铁十字"勋章，大声喊道："你赶快把你的话收回去，否则我就把它扯下来扔在你的脚下。"

隆美尔一见事态不妙，假惺惺地向斯特莱克道了个歉，心里却暗暗发誓要尽早除掉这个不听话的家伙。

这是隆美尔心情不太好的时候，而即使在心情最好的时候，隆美尔也不是一个容易相处的人。他的一位朋友后来说："他极度苛刻，不仅对别人，对他自己也是如此，他的身体内好像有一台永不停息的发动机。因为他自己毅力非凡，他也要求他的下属们同样如此，而根本没有意识到普通的正常人都有身体和心理上的限度。"

两天过后，隆美尔才终于集合起足够的部队，他命令立即攻打梅智利。

那天，隆美尔坐在高高的飞机上观察战斗情况，有一次竟飞到了46米下的一支意大利步枪营的射击圈内，差点儿被子弹击中。几分钟后，隆美尔又让飞机降落，他想下来跟炮兵们谈谈。疏忽大意的飞行员在降落时不慎让飞机碰到了一座沙丘，结果折断了起落架。隆美尔急匆匆地打着旗号让身边经过的一辆卡车停下，而不走运的是，这辆卡车后来被沙尘暴困住了几个小时，隆美尔气极了："真他妈的倒霉的一天！"

此时，战斗仍然在进行中。德意军队炮火齐射，使英国和英联邦国家的军队根本无法逃脱。而后，他们在仅有的几辆坦克和防空炮火的掩护下，由步兵向要塞发动猛攻。等到隆美尔以及落伍的第5装甲团当天晚些时候终于赶到梅智利时，要塞已被攻下。

4月8日，隆美尔驱车80公里赶到海岸边的德尔纳。在那里，非洲军团取得了另一场大捷。两天前，他曾命令波纳特上校的第8机枪营截断英军沿巴比亚谷地的逃亡路线。波纳特及其手下的枪手们为了阻止英国人的一次突围，打得几乎快要弹尽粮绝，但他们感到很自豪，因为他们抓获了4名将军，其中一位将军是菲利普·尼姆中将，另一位是尼姆的前任，仅在5天前刚从埃及来监督尼姆的理查德·奥康纳将军。

奥康纳和尼姆被俘一事充分说明了这场奇怪战争的运气可以像沙漠的沙尘一样变化神速。仅仅两个月前，那位精瘦结实的小个头爱尔兰人奥康纳曾率领英国装甲军一路向西横扫昔兰尼加地区。而现在，隆美尔扭转了局面，乘坐一辆缴获来的"猛马"指挥车滚滚向东而来。具有讽刺意味的是，正是这种指挥车载着奥康纳打赢了意大利人。

野心勃勃的隆美尔于4月10日冷静地告知他的非洲军团下一

个目标：苏伊士运河。作为该计划的第一步，德国必须占领德尔纳以东 161 公里的战略要地托布鲁克港。该港控制着进入埃及的交通运输线，该港也是班加西以东最好的海港，能够缓解隆美尔的后勤问题。

在对托布鲁克发起攻击时，隆美尔匆忙调集第 3 侦察装甲车队、第 8 机枪营和一支反坦克炮兵营组成先头部队。他不用斯特莱克率领这支部队，而选用第 15 装甲师师长海因里希·冯·普里特维茨少将。普里特维茨急于参战，他已先于他的部队飞到前线。但是，他的第一次沙漠之战就成了他的最后一次，4 月 10 日临近中午时分，在离托布鲁克 10 公里的地方，他正站在汽车里指挥他手下的一帮新人时，一排反坦克弹击中了汽车，这位将军和他的司机当场身亡。

几小时后，当隆美尔正在托布鲁克南边进行侦察时，只见一辆英国指挥车风驰电掣般地向他这边冲过来。这是斯特莱克部队曾经缴获的那种指挥车。隆美尔命令一名士兵架起机枪正要准备射击时，指挥车来了一个急刹车，从车里跳出的正是斯特莱克，他大声喊着普里特维茨阵亡的消息。

隆美尔气愤地说："你怎么敢驾着一辆英国车在后面追我？我正要命令向你开枪呢。"

"开吧，如果那样，将军阁下，你一天之内就损失了两名装甲师师长。"

如果说斯特莱克在以前还未完全疏远隆美尔的话，那么他现在开始了。隆美尔愤怒地命令这位将军和他的下属第 5 装甲团团长赫伯特·奥尔布里奇上校继续向前推进，根本不顾部队将士们想要休整一下和补充给养的要求。

隆美尔始终认为，他面对的是一支准备作敦刻尔克式大撤退的弱旅。他先是采取深入穿透的进攻法，结果造成的伤亡比预计的高出许多，然后又发动猛烈的轰击。4 月 12 日，第 8 机枪营和 20 多辆装甲车一起发动了一次深入穿透，结果装甲车深陷在反坦克沟壑里动弹不得。德国人直到陷进去时才知道上了当，第 8 机枪营只好在寒风中挖了一个晚上的战壕。

第2天正好赶上复活节，隆美尔在地图上谋划了一次类似在法国进行的“闪电战”进攻，由步兵和装甲兵共同完成。他是这样描述这一战术的：“集中优势兵力于某一点，采取强行突破，攻占两翼，然后在敌人还未来得及反应之前像闪电一样穿透进去，直插敌人的后部。”

这次进攻计划定于4月13日黎明时分开始。为了掩护进攻，波纳特上校派遣他手下的一支机械化轻型高射炮队开到铁丝网边缘，然后叫第18高射炮团用88毫米口径大炮在后面支援。

对于隆美尔和他的非洲军团来说，在接下来的几周里一直未能攻克托布鲁克这块硬骨头无疑是一件很痛苦的事。他把复活节星期一的失败归罪于斯特莱克和奥尔布里奇，责怪他俩缺乏必胜的信心。隆美尔很坚决地说：“我一定要尽早解除他们的职务。”

4月27日，自20年代以来一直是隆美尔战友的保卢斯中将来到北非，他是德国最高统帅部的一名副参谋长，他正在抓紧宝贵的时间策划对苏联的进攻，这次被派往利比亚，是因为隆美尔的作战行动已使参谋长哈尔德上将大为惊愕。

两天以后，保卢斯目睹了自开战以来对托布鲁克最猛烈的攻击。当天晚上6点半左右，在炮兵队和“斯图卡”式轰炸机的一阵轰炸后，德军坦克和步兵从南北两侧向那座山头发动进攻。他们从山后攻占了209号高地，然后转而攻打托布鲁克。他们排成了一个5公里宽、3公里深的楔形队形冲进环形防线以内。夜间，装备着喷火器的战地工兵冲上前去喷射火焰，使附近据点里的盟军不得不跑出来。

第2天早晨，炮兵还在继续轰击这一地区，隆美尔走到已被攻占的掩体之间，像一位前线步兵一样匍匐前进。尽管隆美尔增加了援军，但双方一直僵持不下。5月4日，为了扩大战果，非洲军团付出了自这次战斗开始以来最惨重的一次伤亡——1200多人阵亡、受伤或失踪。保卢斯命令隆美尔停止进攻。事实上，他被伤亡的惨重和战斗的艰苦吓坏了，他在回柏林前，坚决要求隆美尔保持防守，直到供应短缺的问题得到缓解为止。

5月15日黎明时分，英国派出了55辆坦克和步兵大队参加进攻。意军一边打一边从哈尔法牙关撤退，英军坦克一直深入到利比亚境内十多公里的西迪阿则兹，但在那里，他们遇到了顽强的抵抗。意大利军队终于勇敢地战斗了一回。

第2天上午，德国人掌握了战斗的主动权。由隆美尔派过来支援的第8装甲团第1营和一个高射炮队赶到了西迪阿则兹，只剩下15辆坦克的赫尔夫马上在索卢姆对英军的侧翼发动了一次突然反攻。损失18辆坦克的英军于5月16日下午向东南方向撤退到哈尔法牙关，这是战斗的尾声了。代号为“英勇”的这场进攻战持续不到两天，英国人损失惨重，最后只是重新夺回了哈尔法牙关，而这个要塞他们将不会坚守得太久。

如果隆美尔允许他的对手占据哈尔法牙关高地，那他的部队在托布鲁克外围将很容易遭到尾部进攻。同样重要的是，哈尔法牙关高地高达152米的悬崖把埃及的沿海平原和利比亚的沙漠高原分隔开来，它是装甲车朝东西两个方向进攻的主要通道。

所以，5月26日晚上，隆美尔再次派遣汉斯·克拉默上校的第8装甲团及其支援力量从西南方向攻打关隘，同时让第104步兵团的一个营从东北方向发动正面进攻，步兵们冲上蛇形道路，与防守者展开了徒手搏斗。几个小时后，他们到达了关隘的顶部，与相反方向开过来的装甲兵会合。

这一天是5月27日，是埃尔文·隆美尔第一次看见浩瀚的北非沙漠后的第15周。在这段时间里，他的非洲军团挽救了德国的意大利盟军并向东推进了1600多公里。现在，已经重新夺回哈尔法牙关的德国人站在了通往埃及心脏地带的门户上。

第三篇
茫茫沙海中的激烈战斗

为了夺取决定性的胜利，韦维尔将军精心策划了代号为“战斧”的进攻战。英军虽实力占优，但终因指挥不得力而难逃失败的命运，韦维尔也告别了在北非的军旅生涯。

大喜过望的隆美尔仓促地做出了进攻托布鲁克的决定，在英军顽强的抵抗面前，托布鲁克久攻不下，补给不足的非洲军团只能无奈地选择全线撤退。

一、泪别北非的韦维尔

1941 年的春天，隆美尔过得并不愉快，因为他和他的非洲军团屡次对托布鲁克发动进攻，却皆以失败收场。不过，他也从中总结出了一些经验教训，这令他对最终胜利充满信心。

哈尔法牙关既控制着通往索卢姆的海岸公路，又控制着埃及沿海平原和利比亚沙漠之间的交界地区，战略位置非常关键。隆美尔把哈尔法牙关的指挥权交给了威勒姆·巴赫上尉，这是一位曾经当过牧师的狂热的好战分子，他最引以为傲的即是自己曾带领部队参加了 5 月底那次夺回哈尔法牙关的战斗。

隆美尔命令从哈尔法牙关向着沙漠高原修筑要塞防线，这条新修筑的防线有多处据点，其中包括卡普佐村以南 8 公里左右的 206 号据点和俯视卡普佐南翼的哈菲德山梁上的 208 号据点。如果巴赫指挥的德意军队能够守住哈尔法牙关，那其他据点就会形成一个很宽的弧形，逼迫英国装甲部队进入沙漠作战。

隆美尔对后方的安全不屑一顾，也不相信间接获得的报告，他每天都要亲临前线视察，以获得对战场的真正了解，他认为这是胜利的关键。隆美尔的一位军官回忆说：“他在视察前线时，能够看到一切情况，如果大炮没有伪装得很充分，如果埋藏的地雷数量不够，如果常务巡逻兵没有足够的弹药，隆美尔都要亲自过问。”

6 月 14 日，隆美尔通过监听敌军电台得知，英军的进攻将于第 2 天早晨开始，他命令所有部队保持警戒。为了预先阻止托布鲁克的英军发动任何入侵行动，他在当天晚上月亮升起时便开始用大炮轰击城里。隆美尔的战斗命令简洁明了、一语中的："哈尔法牙关一定会守住的！敌人一定会被打败！"

英国和英联邦国家的军队则远没有这么充分的准备，当然也就缺乏足够的自信。由于战场失败，韦维尔将军心里承受着来自伦敦上司们的巨大压力。为了在北非挽回些面子，他精心策划了一个代号叫"战斧"行动的进攻计划。该计划由佩尔斯爵士中将具体负责实施，目标是摧毁隆美尔在哈尔法牙关的部队，以缓解托布鲁克的压力，然后把轴心国部队尽可能地往西驱赶。

应该说，"战斧"行动的准备是不够充分的。新组成的第 8 军并不是一支训练有素的部队，它的许多队伍都是从正规编制单位中抽调出来的。更糟糕的是，"马蒂尔达"坦克行进的速度太慢了，而且装甲兵和步兵之间又无法进行有效的通信联络。佩尔斯也不像隆美尔那样喜欢待在战场的附近，他把总部设在离利比亚边境有 97 公里的西迪巴拉尼，这使得他根本无法根据战场上出现的新情况做出及时准确的调整。

6 月 15 日拂晓，英军的进攻全面展开。

中路的坦克团向着卡普措堡方向前进。由于该团全部装备令人生畏的"马蒂尔达"重型坦克，所以防守阵地的德军第 8 机枪营对它毫无办法，反坦克炮弹打在装甲上全被弹了回来，这使德军官兵感到一筹莫展。毫无顾虑的英军坦克在德军阵地上纵横驰骋，来回碾压，将一门门德国大炮碾得粉碎，德军炮手们惊恐万分，四散奔逃，卡普措堡被英军顺利攻下了。

中路英军攻击得手，但北路的英军则没有那么走运。虽然他们也拥有令人生畏的"马蒂尔达"坦克，但这种坦克的威力被隆美尔在情急之下闪现出来的一个灵感火花给抵消了。

目睹了英军坦克在德军反坦克炮面前横冲直撞，隆美尔心急如焚，他知道这场战役的胜负将取决于他能否找到一种对付这种坦克的办法。突然，这位学生时代的数学高材生将目光停留在了几门 88 毫米的高射炮上，他立即命令巴赫和他的士兵们把炮管放平，时刻准备着向前来进攻的"马蒂尔达"坦克射击。

巴赫上尉和他的手下人穿着汗渍斑斑的衣服在哈尔法牙关上的

据点里彻夜等待着，他们忍受着沙漠跳蚤的无情进攻，一有空闲就偷偷打个盹儿。沙漠中的白昼来得很突然，凌晨4点时，月光已变成了阳光。随着一阵马达声的响起，远处出现了缕缕沙尘。当轰隆隆的装甲车队跃入眼帘时，人们的神经开始绷紧了，炮弹的刺耳声宣布了英军又一次攻击的开始。

随着盟军的脚步声越来越清晰，久久等待的德军终于忍不住了，巴赫上尉终于发出了开火的命令，88毫米的大炮发出英国军队以前从未听过的响声。很快，其他反坦克炮火也加入进来，好几辆“马蒂尔达”坦克顷刻间冒出浓烟，停了下来，履带、炮架和金属碎片散落一地。被毁坏的坦克后面的英国步兵拼命地试图往前冲，但在密集的炮火下，这是根本不可能的。英国的大炮瞄准意大利的炮兵阵地一阵猛打，但还是无法压制住。同时，德国的炮队继续轰击，迫使英军节节撤退。

巴赫上尉和他的部队顽强地守住了关隘。

高炮低射成了隆美尔挫败英“战斧”计划的关键，他马上把仅有的12门高射炮分成两组，一组放在性命攸关的哈尔法山隘口，一组放在了另一个战略要地，即英国人南路进攻的目标——哈菲德岭。这一创举使得进攻哈菲德岭的英军损失惨重，防守的德军第15装甲师几乎没费吹灰之力，就让英国人60多辆灵活的坦克变成了大漠中的堆堆废铁。

到了夜间，疲惫的英国人停止了进攻，这使隆美尔赢得了宝贵的调整部署的机会。一向动若脱兔的他马上命令第5轻装甲师和第15装甲师全部撤出战斗，集中全力于拂晓前插到英军的侧翼，以一记漂亮的右勾拳把英国人赶下地中海。

正在正面战场上聚精会神地准备次日进攻的英军万万没有想到隆美尔从侧面杀来，顿时陷入了混乱之中。隆美尔当机立断，决定来个乱中取胜，他命令两个装甲师向英军发动坚决的钳形攻势，用他的话说就是：“一直打到坦克的汽油烧完为止。”

当天的战斗结束后，隆美尔把他手下各位军官的报告以及无线电窃听到的情报结合在一起，得出了一套很清晰的作战思路。当晚，他便有了一个大胆的计划：由第15装甲师向卡普佐的梅塞韦部队发动反攻，同时，第 5 轻型坦克师向西迪欧马进发，然后转到东边攻打西迪苏来曼，最后与哈尔法牙关的德军会合，切断英军的通信联络线。

6 月 16 日黎明，第 15 装甲师向卡普佐的英国第 22 护卫大队和第 7 装甲大队发动了反攻，但经过 5 个小时的疯狂战斗，它损失了 80 辆坦克中的 50 辆，被迫停止反攻。到中午时分，英军攻克了位于卡普佐和索卢姆之间的穆塞德，威胁着巴迪亚。但此时，他们的进攻逐渐弱了下来，因为装备精良的英国坦克修理站设在遥远的后方，为数不多的随军修理队人员自然忙不过来。

当夜幕降临时，梅塞韦越来越担心他的左翼。他的担心是很有道理的，他的第 4 装甲大队在超负荷地抵抗着德军的第 15 装甲师，而第 7 装甲大队和各个支援小组在一场猛烈的坦克大战中被德军的第 5 轻型坦克师击退了，这场坦克大战发生在哈菲德山梁和西南方向的沙漠中。

除了突然袭击外，德军在随后的许多胜利都要归功于一种大胆的新战术：德军装甲师不采用坦克对坦克的作战方式，而是用反坦克大炮来对付英国的坦克。这种反坦克大炮由一种特别设计的拖车拖运着，一旦碰上敌人，司机马上停车，炮手架起大炮就能立即开火，其凶猛的火力具有足以致命的效果。

6 月 17 日凌晨，德第 5 轻型坦克师的先头部队进攻西迪苏来曼，那里的英军装甲部队只剩下 22 辆巡逻坦克和 17 辆“马蒂尔达”坦克，有陷入全军覆灭的危险。这天的战斗还在进行之中，隆美尔的信号窃听部截获到一则无线电报告：“焦躁不安的英国人正在抱怨燃料和军火严重短缺。”显然，英军虽然守住了前线，但他们与后方的联系已被德国人切断了。

6 月 17 日中午，佩尔斯和韦维尔一同飞往梅塞韦的指挥部，希望调集第 7 装甲师发动一次反攻。但是，形势已无法挽救了，梅塞韦早就正确判断出他的部队将在卡普佐和哈尔法牙关被诱擒，所以已经命令印度第 4 师撤回，他特别强调责任由他本人来负。

韦维尔被这消息惊呆了，他取消了要求第 7 装甲师发动反攻的命令，并要求全线撤退。韦维尔认为梅塞韦的决定是明智的，尽管做出这个决定没有得到上级的同意。事实上，正是这次撤退挽救了部队。在 3 天的战斗中，英国和英联邦国家的军队伤亡人数总共不到 1000 人，然而，士兵们的生命虽然保住了，但他们的士气却受到了严重的打击，装甲部队更是呈现出一片惨败的景象。

6 月 18 日，隆美尔离开指挥部，驱车看望他那些筋疲力尽的德国和意大利士兵，并向他们致谢。看着这些喜气洋洋的面孔，他不由得感到欣慰，受到鼓舞。在这次战斗中，他仅把每天的战斗情况向柏林作一次扼要的报告，而现在他可要沾沾自喜地宣告自己这一难忘的胜利了。他声称自己的部队摧毁了敌军 180 辆到 200 辆坦克，几天后又把这个数字夸张地修改为 250 辆。其实准确的数字是，英国共损失 91 辆坦克。

1941 年的整个 6 月，对于隆美尔来说都是令人愉快的日子。他以卓越的战斗和严格的训练赢得了胜利，以至连盟军将士们每每谈起隆美尔和他的坦克时，都不免流露出敬畏的神情。在国内，隆美尔的声誉也同样达到了顶点，在希特勒的提议下，50 岁的隆美尔被晋升为上将。自开战以来，在短短两年时间里，他由一名中校一跃而成了一名德军陆军中最年轻的上将。

一个只有 50 岁的人成了一名上将！这就意味着，尽管在托布鲁克的那几个星期有过难堪的经历，但隆美尔确实已经像玫瑰花一样绚丽芬芳了。只是他本人好像并没有太多的激动，听到这个消息后，他只是淡淡地说："这当然是令人高兴的事，然而如果有可能的话，我还会在自己的肩章上添上更多的星。"

初夏的天亮得很早，四周一片静悄悄的，树叶在晨光中轻轻颤抖，一抹朝阳洒进了中东英军总部。韦维尔将军坐在办公桌后宽大的扶手椅上，收音机里正广播着最新的消息："今天清晨 4 时，德国以 300 多万军队、3000 辆坦克和近 2000 架飞机，对苏联发动了突然袭击，苏联军队正在斯大林将军的领导下，奋起反击……"

韦维尔再次拿起桌上摊着的那张纸："首相致韦维尔将军：奥钦莱克将军将接替你的职位担任中东英军总司令，而你是一名无与伦比的优秀人才和十分杰出的军官，将填补英印总司令的空缺职位。"

看着“优秀人才”“杰出的军官”这样的字眼，韦维尔心里不禁阵阵苦笑，这其中的酸楚和苦涩恐怕只有他自己才能体会得到。他很清楚，自己在北非的使命已经结束了。

对于韦维尔来说，这场失败终止了他在北非的长期军旅生涯。他给英国最高司令部的报告显示了他无所畏惧的勇气：“我不得不遗憾地向大家报告，‘战斧’行动失败了，而失败的全部责任都在我……”将一切过失归于自己是韦维尔的一贯作风。将军一夜之间老了 10 岁，头发全白了，步伐变得异常沉重。

二、苦恼的马耳他

蓝色的地中海像一条纽带，将欧、亚、非三大洲紧紧地连起来，惊涛狂暴地拍打着北非的黄金海岸。

马耳他，这个仅 316 平方公里的小岛像嵌进地中海的坚硬贝壳，任凭风吹海蚀，依旧傲然挺立。它是个宝岛，1798 年被法国拿破仑军队占领，1814 年沦为英国殖民地。第二次世界大战前，英国就在这里建立起了海空军基地。1940 年下半年，意大利法西斯独裁者墨索里尼点燃北非地中海战火，英国迅速向马耳他岛增派海空军力量，这是英国首相丘吉尔布下的一着妙棋，英国皇家海军地中海舰队司令坎宁安海军上将则在保护英国地中海航线畅通和打击意大利至北非的海上防线方面建立了头功。

不沉的航母

小小马耳他岛，几乎位于地中海正中间，像火车中转站一样为来往于直布罗陀和亚历山大之间的英国舰队和商船提供补给，保卫着英国的生命线之一——自大洋洲、印度洋经苏伊士运河至英伦三岛的海上运输线。否则，英国运输船队就不得不绕道非洲南端的好望角才能进入印度洋。马耳他岛的英国皇家空军可以直接飞往北非协同英国地面部队作战。不仅如此，马耳他岛紧靠着意大利的西西里岛，距意大利南部的港口塔兰托也不远，对意大利通往北非的海上运输线构成严重威胁。在英国人看来，马耳他是帝国在地中海永不沉没的航空母舰，马耳他存则英国在中东的基地安，马耳他失英国的中东基地便难保全。在意大利人看来，马耳他无异于蹲在自己家门口的猛虎。

1940 年 9 月至 1941 年末，德意部队在北非战场两度进抵利比亚埃及边境，又两度败退，北非战场的进退相当程度上取决于英国和德意对地中海制海权和制空权的争夺。1940 年末，英国地中海舰队在地中海中部海区牢牢掌握了制海权，马耳他岛得到了增援和加强，经受住了考验。英国地面部队也于 1941 年初将意军逐至的黎波里。1941 年初，德国非洲军抵达北非。德空军第 10 军也调往北非地中海战场，并以西西里岛为基地对马耳他进行狂轰滥炸。同年 4 月 8 日，英国组成由 4 艘最现代化的驱逐舰组成的马耳他打击舰队，在坎宁安海军上将指挥下加强了对德意海上运输线的封锁和打击，双方对制海制空权的争夺进入了白热化。

1941 年 5 月，德国空军第 10 军撤走了，英国人一点也不迟延地利用轴心空军兵力转移的时机，向马耳他增派空中力量，使该岛很快又高高挥舞其“火焰之剑”了。英国人知道只要绞杀了意大利的补给线，便能在北非打胜仗，因此便集中全力以求达此目的。由于英军对船队攻势猛烈，意军不得不于 1940 年 10 月起用驱逐舰运载军队，但却无力为运送补给的商船提供安全保障。1941 年 6 月意大利送达北非的补给品为 12.5 万吨，至 10 月减至 6.1 万多吨，损失率高达 50%。

11 月 8 日下午，一架英军侦察机在返回马耳他岛的飞行途中，发现了由 7 艘商船、2 艘油轮、10 艘驱逐舰组成的庞大的“杜伊斯堡”船队，立即派出马耳他分舰队（K 舰队）进行攻击。9 日零时过后，英舰队发现了“杜伊斯堡”船队，一位英海军舰长高兴地在航海日志上写道：“啊，上帝，它们就在那里——该死的一大堆干草！”

英舰以舰炮和鱼雷展开猛烈进攻，意大利商船和油船陷入一片混乱之中。负责护航的意驱逐舰队正以快于船队的速度航行，在船队右侧平行线上穿梭，当灾难发生时，它们回援不及。

此战的后果对意大利是灾难性的，7 艘商船完全覆没，2 艘驱逐舰被击沉，另 2 艘遭重创。

英国海军部立刻给舰队指挥阿格纽发电祝贺：“海军部大臣祝贺你及你部全体官兵取得此次海战的光辉胜利。”

在轴心国方面，正准备对英军发动进攻的隆美尔将军在海战后的第二天悲叹不已。向北非战场运送支援物资的船队完全停顿下来，原计划向班加西增援 6 万人的部队，但实际上仅有 8093 人到达。墨索里尼对“杜伊斯堡”船队的覆灭也感到愤怒和沮丧。

11 月 18 日，英军在北非发动了代号为“十字军远征”的进攻，马耳他岛的英国海空军对意大利的补给线发动了更为猛烈的攻击。意大利海上运输越来越糟，陷入空前危机之中，正在北非与英军进行冬季大血战的隆美尔，终因兵力弹药不济而被迫撤退。

凯塞林的到来

北非地中海战场的严重形势引起了德意两国法西斯头子希特勒和墨索里尼的关注和忧虑。德国海军总司令雷德尔和德非洲军司令隆美尔等早就主张，向该战场投入更多兵力，搞垮英国的中东基地，然后从中东向苏联南部进攻。希特勒虽不愿分散苏德战场的兵力，但迫于形势还是将德空军精锐之一第 2 航空队调往意大利，并任命天生乐观的凯塞林空军元帅为南线总司令。德意两国还加强了在地中海的海军力量，地中海的海空军力量优势转向轴心国方面。鉴于这种有利形势，雷德尔向希特勒进言：

> 地中海的有利形势在目前是如此显著，恐怕将来不会再次出现。所有的报告证明，敌人正以巨大的努力把现有的增援部队源源不断运往埃及。……因此，尽早攻取马耳他岛是刻不容缓的事，此外，对苏伊士运河发动攻势，不得迟于 1942 年。

他并建议：

如果轴心国不占领马耳他岛，德国空军就必须以目前的规模继续对该岛空袭，单凭这种空袭就足以阻止敌人在该岛重建进攻与防守的力量。

德意两国最高统帅部制订了征服马耳他岛的计划：意海军舰队负责掩护登陆战，准备登陆用的船只，由“特种海军部队”负责陆海军登陆部队的训练；德陆海空军应予以大力协助。

在登陆作战准备期间，德第2航空队对马耳他岛进行持续猛烈的轰炸，系统摧毁该岛的防御体系。意海军在空军支援下切断英军对马耳他岛的补给线。1941年12月上半月德意空军每天轰炸马耳他岛的飞机平均不足10架，到下半月便增至30架。1942年3月的轰炸最为猛烈，每天均出动70~80架轰炸机进行低空轰炸，3月8日368架飞机共投下76吨炸弹。持续猛烈的轰炸使马耳他岛的机场、跑道弹坑密布，防空工事变成一片瓦砾，港口陷于瘫痪。英马耳他分舰队被迫撤往北非的海军港口。

德意两国海军舰艇在空军支援下加强了对马耳他岛的海上封锁，阻止英国海军对马耳他岛进行补给。3月20日，当英巡洋舰“埃及女王”号、“尤利阿里斯”号和“狄多”号及4艘驱逐舰，掩护4艘商船驶离亚历山大港，企图对马耳他岛进行补给时，遭到德意海空军的层层截击，“埃及女王”号炮塔被击中，“尤利阿里斯”号受到相当程度损害，另有多艘驱逐舰遭重创。装载贵重货物的4艘商船原计划当晚驶抵马耳他岛，趁空袭尚未开始以前卸物，但海战至少使它们到达的时间推迟了4小时。当德空军第二天早上开始空袭时，该船队正在马耳他岛以南处航行，结果1艘被炸沉，1艘遭重创搁浅。24日和25日德空军继续对马耳他岛大举轰炸，英驱逐舰“罗马军团”号，商船“卜雷坎郡”号、“庞帕斯”号和“塔腊博特”号全被炸沉。英方报告称“2.59万吨货物中，只有5000吨安全起卸”。马耳他岛在以后的三个月中，没有得到接济。丘吉尔在回忆录中写道：“在3月和4月间，敌人将其全部力量转而投向马耳他岛，日夜不断地进行猛烈的轰炸，遂使该岛守军筋疲力尽，奄奄一息。”

“谁说黄蜂不能蜇人两次?”

马耳他岛守军顽强地抗击着空袭。英国皇家空军留驻该岛，为自身和全岛的生存而忘我地战斗着。在最危急的日子里，英守岛部队能够投入的战斗机为数极少，但仍顽强地坚持战斗，并确保那些利用该岛作为中途基地的飞往埃及的飞机得以不断地起飞。当飞行员升空作战，地勤人员为下次战斗从事地勤保障时，士兵们便修理被炸毁的飞机场。

马耳他岛处于万分危急之中，守岛部队司令多比将军焦虑不安。3 月间，他报告说形势危险；4 月 20 日他又报告说：“目前已超过了能够支撑的程度，而且，如果不能给我们补充急需的供应品，特别是面粉和军火，那么，不堪设想的一步即将到来，来得还会很快……这是生死存亡的问题。”

丘吉尔首相对马耳他岛的命运担忧万分。他知道，马耳他岛是英国在地中海全部希望的关键，遂下令海军部不断从距马耳他岛 1000 公里的“鹰”号航空母舰上起飞“喷火式”战斗机增援马耳他岛的防空力量，每次起飞 16 架。4 月 1 日丘吉尔致电美国总统罗斯福，请求借用美国航空母舰“黄蜂”号。

4 月 3 日，罗斯福致电丘吉尔，同意借用“黄蜂”号。4 月和 5 月间，从“黄蜂”号和“鹰”号航空母舰上起飞的英国 126 架飞机安然飞抵马耳他岛，这对守岛英军来说无疑是雪中送炭。5 月 9 日和 10 日，马耳他岛英空军频频升空，与来袭的轴心国空军展开激战，迫使凯塞林放弃了对马耳他岛的昼间轰炸。就在 5 月 9 日“黄蜂”号成功地向马耳他岛交付第二批“喷火式”飞机的当日，丘吉尔首相怀着无限感激之情向该舰发电：“谁说黄蜂不能蜇人两次?”

然而，马耳他岛仍处于德意海空军的封锁之下。6 月中旬，英军运输船队在海空军掩护下从东西两面对马耳他岛进行增援，在德意海空军打击下损失惨重，17 艘补给船中只有西面的 2 艘驶抵马耳他岛，东面的运输船队及其护航船队被迫返回埃及。马耳他岛仍处于危急之中。

独裁者的会晤

1942年4月29日至30日，希特勒和墨索里尼在希特勒的山间别墅会晤，讨论北非战场今后的作战目标及战机问题。在这次会晤中，希特勒做出了一项关于地中海命运的重大决定。

希特勒提议：隆美尔的非洲军于5月底在北非实施进攻，可能的话就占领托布鲁克，尔后继续进攻到埃及边境为止；到6月中旬或7月底，再攻占马耳他岛。

隆美尔本人没有出席这次会议，但他的进攻计划得到批准。本来隆美尔是力主攻占马耳他岛的，但此时他却急于要发动对尼罗河流域的进攻，因为他担心英军若先发制人发起进攻，就会使他的计划成为画饼。

意大利最高统帅部虽然接受了这样的计划，不过统帅部要求隆美尔书面做出以下明确的保证：

1. 战役进行以两星期为限；
2. 战役的目标以打乱英军的部署为限；
3. 只有在局势非常有利的情况下才可尝试占领托布鲁克港，而且无论如何要在利比亚埃及边境转攻为守；
4. 万一战局进展不顺，地面部队须毫不犹豫地回师到加扎拉防线上，以等待对马耳他岛的征服。

隆美尔虽然做出了书面保证，从后来的事态发展和他的战时文件看，其保证似乎是一种权宜之计。他曾于1942年5月24日在一项包括攻击马耳他计划的公文上批了“拉倒”的字样。

在轴心国关于地中海作战计划演变的过程中，希特勒为了集中力量于1942年夏对苏军重新发动进攻，4月从第2航空队抽调两个轰炸机大队和两个战斗机大队到苏德战场去。5月初，他在伯格霍夫对意军总参谋长卡瓦利诺说：“对斯大林格勒和在高加索地区发动的攻势，将使马耳他岛在英国人手中一无所用。”事实上，这位独裁者对征服马耳他岛的计划一直是三心二意的。

空军元帅凯塞林得知希特勒进攻斯大林格勒的决定后大为失望，因为眼看着自己成功的空中攻势不能达到最后占领马耳他岛的目的，就好像眼看到了手的猎物又溜掉一样难受。

意大利海战史专家布加拉丁认为："推迟攻击马耳他岛的决策，成为意德的整个地中海战争中最严重而且肯定是最致命的错误。它肯定地标志着轴心国在地中海走下坡路的开始。"

曾任德国国防军最高统帅部指挥参谋部参谋长的瓦利蒙特从更广阔的角度分析了没有攻占马耳他岛的严重后果，他写道：

> 1942 年春，德军最高统帅部虽有远征中东的野心勃勃的计划，但其依赖的是一条越过地中海靠不住的补给线，一些吞吐量不大的利比亚港口，以及北非沿海的一个狭长地带。不仅如此，而且在那一年还有另外的重大的困难：在巴尔干地区，再也没有足够的兵力从那里发起一场联合攻势，也不再有希望让土耳其站在轴心国一边参战。地中海东部的阿拉伯国家，恢复了对英国殖民主义传统性的依赖，并将领土提供给西方同盟国作为他们预备队休整的中心。在轴心国作战地区的翼侧及后方是法属北非，对它的重要性，轴心国在制定政策时未予重视，而且继续未予重视，结果是，这一地区有完全脱离轴心国始终很薄弱的军事轨道的危险。

奥钦莱克的失算

奥钦莱克是在 1941 年 6 月接替韦维尔出任英国中东总司令的。他身材魁梧，额眉宽阔，目光深邃，是英军中出色的战略家，曾亲自组织指挥了 1941 年底的"十字军远征"战役，将隆美尔击退了。但他不是一个好的战术家，缺少将自己的计划贯彻到底的组织才能和意志，对北非沙漠地的机械化战争的特点了解研究不够。1942 年初被隆美尔杀了个回马枪，此后双方的军队便在加扎拉防线对峙着。

1942 年 2 月间，奥钦莱克主张继续在 4 个月内按兵不动，以便对隆美尔展开第二次大会战。2 月 27 日，他在一篇长达 1500 字的报告中一一列举了不能匆忙作战的原因：

> 总之，我在西部战线的意图如下：
>
> 1. 继续在第 8 集团军的前沿战区尽快建立装甲部队的主攻部队。
>
> 2. 尽可能巩固加扎拉、托布鲁克和索卢姆等既占阵地，并将铁路线向东延伸。
>
> 3. 在前沿地区储备军需品，以便重新发动攻势。

丘吉尔对奥钦莱克的报告甚为不满。此时马耳他岛处在危机中；隆美尔正源源不断地得到补给；苏军正同德军进行殊死的搏斗，斯大林强烈要求英军在西欧开辟第二战场，丘吉尔想以英军在北非发动进攻回应斯大林的呼吁。丘吉尔让奥钦莱克回伦敦磋商北非作战计划，奥钦莱克以极需前往开罗为借口拒绝了归国的邀请。丘吉尔只好让掌玺大臣斯塔福德·克里普斯爵士在赴印度途中经过开罗，对奥钦莱克施加影响，赶快定下进攻计划，但未取得满意结果。此后丘吉尔不断向奥钦莱克施加压力，最后他决定向奥钦莱克发出明确的命令，命令必须服从，否则就要免职。5 月 10 日，丘吉尔致电奥钦莱克：

> 三军各参谋长、国防委员会和战时内阁再次考虑了全盘的局势。我们已下定决心，全军为保存马耳他岛而战，我们决不允许该岛失陷。这一要塞的被困失守将使我陆空军部队三万余人投降，还要损失大炮数百门。敌人占据该岛如同获得一座确实可靠的通往非洲的桥梁，以及由此而形成的有利条件。该岛的失陷将会使你和印度双方所赖以获得增援飞机的空运线路被切断。
>
> 因此我们重申我们曾经表示过的意见，再加上以下条件——我们能够批准的与敌交锋的最晚日期是，及时地牵制敌人以协助运输船队在 6 月月色暗淡时期得以通航的日期。

接到丘吉尔的电报后，奥钦莱克心重如铅。在他看来，英军的训练水平和技战术水平还不适应沙漠战，要对隆美尔这样的对手发动进攻必须作好充分准备。可是，首相三令五申要求进攻，如果继续推迟进攻，自己的乌纱帽也难保住了。挂冠而去倒也干净利索，可不狠狠打击一下隆美尔也未免太便宜了他。况且，马耳他岛危在旦夕，怎能坐视不救？5 月 19 日，他横了横心，致电丘吉尔，表示要在 6 月对隆美尔发动一场大规模进攻，而不仅仅是为协助开往马耳他岛的运输船队所进行的有限进攻。5 月 22 日，他再次致电丘吉尔："现在我已彻底认清了我所负的责任，并且我要竭尽所能去完成它，让你满意。"

奥钦莱克终于定下了进攻的决心，可惜晚了。5 月 26 日，隆美尔已率先出手了。西方有一则寓言：一个人为让熊吞下一包炸药，便小心翼翼地调配炸药，力求使炸药的成分绝对准确和炸药包的含量不差毫厘。可是当他把炸药卷在纸筒，正要点燃掷入熊的咽喉时，熊却先扑上来了。

第四篇
视死如归守防线

经过多次激战，隆美尔的非洲军团损失惨重。就在英国人自信地等待着隆美尔离去时，希特勒给了他更大的指挥权，要他大胆地向英军采取行动。得到了元首鼓励的隆美尔顿时恢复了昔日的神采，他率领着非洲军团以闪电般的速度推进到昔兰尼加，接着又迅速攻下了重兵防守的加扎拉防线，最后把目光投向了托布鲁克。随着“一切为了托布鲁克”的呐喊声骤然响起，德军的飞机大炮疯狂地轰炸了那里的环形防线，转瞬间，托布鲁克沦陷。

一、元首的鼓励

进攻托布鲁克的失败，使得隆美尔深感到自己在兵力上的不足，人数众多的意大利军队除了每天消耗大量的本已紧张的供应物资处，几乎难以有所作为。无奈之下，他不得不电请柏林派德军增援。此时此刻，德国正在全力以赴地准备实施进攻苏联的“巴巴罗萨”计划，它的大部分兵力要保证在东线，而此时的北非，只不过是大本营的战略家们饭桌上一碗可有可无的小汤罢了。

得不到大本营的增援，沮丧的隆美尔只能调整部署，暂取守势。对于一个极擅进攻的将军来说，采取防御姿态无疑是痛苦的。但在接下来的对付英国人进攻的作战行动中，隆美尔还是用出色表现证明了他同样也是一个防御的行家。

1942 年初，隆美尔在给妻子露西的信中说了不少鼓舞人心的话，尽管实际情况好像并不像他所预料的那样喜人。他是一名败军之将，已精疲力竭，他手下共有 3. 3 万人在过去的两个月中成了俘虏，其中包括在埃及边境线上的哈尔法牙关驻军。

隆美尔此时已抵达哈尔法牙关以西 547 公里处的利比亚村庄艾尔阿吉拉，正是在这个地方，非洲军团在上一年的 3 月发动了这次代价昂贵的战役。然而，隆美尔给家人的信中没有流露出任何的绝望之情，反而是充满了无限的乐观。他写道：“形势正朝着有利于我们的方向发展。我脑子里装满了计划，但我对这里的情况不敢多说什么，他们会认为我疯了，其实只有我知道自己没有疯，我只不过是比他们看得稍远一点罢了。”

德国人仍然有机会对围攻他们的英国军队反戈一击，这个机会只有隆美尔和他的其中几位高级参谋官才看得到。

德国特工人员窃听到了美国驻开罗军事参赞发给华盛顿的无线电报告，隆美尔从这些窃听到的报告中得知，英国军队已脆弱得不堪一击。穿越沙漠追击德军过分拉长了他们的供应线，而德国空军对班加西的狂轰滥炸使他们无法利用这个附近的港口。另外，日本于12月7日的参战也迫使英国人把部分飞机、坦克和两个整步兵师从北非派遣到马来西亚和其他受到威胁的亚洲殖民地。

此时，柏林给隆美尔注入了新的活力。在地中海水域的德国潜水艇已增加到20多艘，另外空军元帅凯塞林的空军编队“空军2号”已把总部从苏联前线移到西西里岛，所能提供的保护力量明显加强了，坦克、部队和供给正以不断增长的数目抵达的黎波里。

1942年1月5日，停泊在的黎波里港的一支护卫舰队运来了54辆坦克，这对于在10个月的征战中已损失掉90%装甲力量的隆美尔来说，当然是梦寐以求的一大笔财富。当这些新的兵员和装备抵达后，隆美尔的情报官员告诉他，他现在实际上比他身后的英军拥有暂时的优势。隆美尔决定趁英国人在能够集结起足够的力量恢复优势之前，于1月21日发起攻势，把英国人赶到埃及内陆。

隆美尔以最严密的安全措施包装着这次具有毁灭性的进攻计划。他只是让他的几位重要下属知道，连他的名义上的意大利上司和他在柏林的真正老板都未曾告诉。他故意散布谣言，说打算向西撤退，并且通过大胆地把大批运送车队向后方转移来完成这骗人的谎言。

在原计划进攻日之前的那个晚上，他让手下用火把烧毁了沿海岸线的一些旧房子和附近卜雷加港里的已被废弃的船只，顷刻间，火光冲天，这明显地表示出他要撤退。正如他所期望的那样，英国间谍看到了这一切，他们当晚给开罗发送无线电信息，这使英国人进一步确信，隆美尔确实是在准备全线撤退了。

然而，当英国人正在自信地等待着隆美尔撤退时，隆美尔却从他的元首那里获得了新的鼓励，要他大胆地向敌人采取行动。

1月21日凌晨，即发起进攻前3小时，隆美尔获悉，希特勒给了他更大的指挥权。他指挥的兵力以前隶属于一个装甲集团，而现在则是囊括了非洲的所有装甲部队。这一权限不仅包括原来的非洲军团，而且还包括3支意大利军队，全都归隆美尔直接指挥。为了提高隆美尔的身份，希特勒给他授予了带剑的徽章。

隆美尔当天早晨对他的部下这样说："我对这一授予感到自豪，它属于我们大家，希望它激励我们继续前进，并且最终打败敌人。"

早晨8时30分，隆美尔派遣的两支纵队在德国空军俯冲式轰炸机的掩护下发动了进攻。由隆美尔在前面开路，首先击散了挡在道路上的一支孤立的英军大队，到第2天早晨，德军抵达了离艾尔阿吉拉97公里的阿格达比亚。然后，两支纵队离开公路，深入内地切断敌军的逃路，朝东北方向疾行，再穿过茫茫沙漠到达安提拉特，并于当晚继续推进到桑奴。两天内推进的距离共达160多公里。

隆美尔洋洋得意地说："我们的对手好像被马蜂蜇了一样，只顾奔走逃命。"

次日，德国人召集了他们的反坦克部队，并很快在一处坑洼地架好了50毫米大炮。大炮吐出致命的火焰，同时，十多辆装甲车朝着英军坦克隆隆地开去，英军坦克马上就撤走了。

在继续推进的过程中，德军坦克和反坦克大炮交替行动，一方提供炮火保护，另一方则全速冲刺。这是一种新的攻击方法，到傍晚时分，德军已把英国第1装甲师的大部分人马赶到阿格达比亚以东的一个很危险的地方。为了阻止该师向北撤退，隆美尔当晚在阿格达比亚至安提拉特和桑奴沿线设立了一道武装包围圈，以夹击敌军的装甲部队。

隆美尔的这次大胆袭击正在转变成一次规模庞大的进攻战。意大利最高指挥部本来对这次行动的高度保密就已满怀愤怒，现在则变得大为震惊了。

1月23日早晨，意大利参谋长乌果·卡瓦利诺陆军元帅和凯塞林从罗马赶来与隆美尔商谈，卡瓦利诺带着墨索里尼要求坚持防守的指示，对隆美尔说："只需要突袭一下就行了，然后直接回来。”

隆美尔反驳说：“我打算继续坚持进攻，除了元首，没有人能改变我的主意。”

卡瓦利诺气得嘟哝着离开了。

卡瓦利诺出于义愤暂时收回了他的两个意大利军，而隆美尔照样推行他的计划，决心要击溃撤退中的英国坦克力量。隆美尔十分清楚，英军第1装甲师由于没有经验，注定将不堪一击。

另外，隆美尔还握有突然袭击的法宝：英国人把他的坦克实力低估了一半，而且认为他的反戈一击绝对只是试探一下实力。然而，令隆美尔震惊的是，在采取行动的当天，英军的大部分坦克已经溜走了，这不仅使他慨叹：“在沙漠里包围武装部队是多么的困难！”

尽管如此，隆美尔却不服气。1月25日，他的装甲部队重新开始追击，向北朝姆苏斯方向追去，他们多次追上了行动缓慢的英国坦克编队，把他们打得四处乱逃。由于隆美尔的装甲部队缺乏足够的燃料，无法穿越将近137公里的开阔沙漠地带，所以他最终选择重新攻下西北113公里外的班加西港，这样就可以与德国的运送舰队连接起来。

1月27日晚，他派遣装甲部队佯攻梅智利，英国人被愚弄了，他们把装甲力量集中在梅智利，留下班加西没人防守。1月29日，隆美尔的军队攻进了班加西城，在那里，他们得到了英军丢下的1300辆卡车，这些卡车让德国人在接下来的几个月里派上了用场。

此时，隆美尔从希特勒那里得到一份及时的命令，希特勒已提升他为一级上将。隆美尔事前没有给柏林打招呼就发动了这次攻势，看来元首不但没有生气，反而对他的行动表示了肯定，这让隆美尔心中大喜。

接下来，他的部队横扫昔兰尼加半岛，7天以后，更是靠近了加扎拉，这离他的出发点有400多公里，而离托布鲁克只有64公里。隆美尔知道英国人已在加扎拉重新集结，并且正在掘壕固守，于是他便命令部队停止前进，等待供给品和增援部队的到来。

二、防线上的殊死战斗

在隆美尔和托布鲁克之间，矗立着一道坚固的防线，英国人利用前线战火暂停阶段修筑的这条防线从海岸边的加扎拉向南蜿蜒64公里，然后一个急转弯，朝东北方向的托布鲁克又延伸了32公里，加扎拉防御工事布下了最为密集的地雷区，50万枚地雷，护卫着英国人称作“盒子”的一排排的据点。

设计这些间隔距离没有规律的“盒子”是为了用作英军夏季攻势的跳板。另外，一旦隆美尔先发起进攻，也可用作防御要塞。每处“盒子”大约1. 6公里见方，周围用铁丝网圈着，布满了大炮。每处“盒子”可以容纳一个大队或更多的步兵，以及被围困时足够抵抗一个星期的补给品。支援这些“盒子”的是里奇的机动后备军，坦克编队可以援救某一个被围困的据点，或者加入进来，穿过地雷区的安全缺口，冲出去发起进攻。

驻守在加扎拉防线的英国军队和武器在数量上占有明显优势，大约1. 25万名英国人面对1. 13万名德国人和意大利人。此外，英军大约有850辆坦克，德军有560辆，其中还有228辆是低劣的意大利造。对隆美尔来说，更糟糕的事情是，英军比轴心国部队多出10倍的装甲车，而且在大炮和飞机数量上也保持着优势。

隆美尔在一定程度上可以依靠作战质量来帮助平衡一下他数量上的不足和劣势。在战场上，他的88毫米大炮的威力和他那几支技高一筹的装甲师，可以给英军规模虽大但连贯性较差的坦克部队予以沉重的打击。在空中，他的战斗机能够绕着圈子飞过英国皇家空军的战斗机，而且在轰炸的准确性上，英国没有任何飞机能比得过德国的俯冲式轰炸机。

在这些有形资产之外，还有笼罩在隆美尔本人身上的威严光环。有很长一段时间，他一直是一位对他的部下能起到激励作用的人物。在隆美尔和他的部下之间，似乎存在着一种无法解释的默契。就连丘吉尔也对他的领导能力称赞有加："我们遇到了一位很有胆识、很有才能的对手，他是灾难深重的战争岁月中一名伟大的将军。"

隆美尔的一大作战秘诀是，他不像一名普通的将军那样去思考和行动。英国人以为隆美尔会以常规的方式——正面进攻，去攻打障碍物不计其数的加扎拉防线。但是，隆美尔不会让他的部队去攻打早已有所提防的据点，他只是佯作正面进攻。当步兵牵制住英国装甲兵时，他决定率领坦克纵队和机械化师大胆神速地横扫英军的南翼。一旦赶到加扎拉防线的后方，他马上直奔海边，在英军能够反扑托布鲁克之前先切断他们的退路。然后，他把敌军孤立起来，一个一个地分而击之。

5 月 26 日，隆美尔如饿熊一般，率先出手，发起了"威尼斯"行动。下午两点钟，一次诱敌深入的行动在沿加扎拉防线北翼和中心地带的 32 公里的战线上拉开了。

隆美尔的大炮在轰鸣，俯冲式轰炸机尖声叫着冲向由南非第 1 师和英国第 5 师据守的那些"盒子"。战斗工兵匍匐着前进，穿过地毯式的地雷区。在他们的身后，是 4 支意大利步兵师和德国第 90 轻型坦克一个大队的步枪和机枪组成的炮火，全部由能干的克鲁威尔中将指挥。在背后远处，隆美尔设计安排了一次蔚为壮观的装甲兵大阵容，事实上，只有几辆坦克是真的，其他都是模仿得很逼真的放置在汽车上的假装甲车，安装在汽车尾部的飞机发动机搅起阵阵尘土，造成装甲纵队意欲冲来的假象。

然而，由于"超级机密"小组（无线电分析破译小组）的人员窃听破译了德军电报，英国人知道一次大规模进攻战即将到来，所以已作好了充分的反击准备。

他们的数量优势可以对付隆美尔的优势，不过，仅从轴心国的步兵行动来看，还看不出这次大规模的进攻即将进行，而由于下午的一场沙暴，更看不清隆美尔布置的装甲车大阵容，这使得英军指挥官们无法采取必要的行动。同时，沙暴给隆美尔的主力进攻部队提供了很好的掩护，使之顺利地在加扎拉防线中心地带的对面集结。

当晚 10 时 30 分，隆美尔带领他的庞大车队载着睡眼惺忪的步兵和足够 4 天用的食品、水和军火，开始了行动。在与敌军交火之前，隆美尔的纵队得穿越无路可寻的沙漠，得对付沙漠中一夜行军的各种危险。

仅一个运动中的装甲师就要占地 4 平方公里，而 5 个师同时在黑夜中的沙漠行动，需要复杂精细的配合。隐藏在油箱上的车灯可以帮点忙，天上的月光也可以帮点忙。远处，德国飞机扔下的照明弹可以映照出加扎拉防线最南端的防御要塞贝尔哈凯姆。

5 月 27 日黎明时分，在行进 50 多公里之后，这支没有再遭遇上什么不幸的军队在贝尔哈凯姆的东南部暂停一个小时，休整和补充燃料。

隆美尔和他的指挥官们几乎不敢相信他们的好运，英国人没有做出明显的举动来应对针对其后方的大规模威胁，这使得隆美尔暗想，他的侧翼行动一直未被察觉。实际上，南非的装甲车一直在悄悄地跟踪隆美尔的部队，已通过无线电向第 7 装甲师的总部作了报告。这些报告对英军的指挥阶层没有产生多大影响，他们仍然以为会有一次正面进攻，不愿认为这只是佯攻。

天亮后不久，隆美尔的纵队与暴露无遗的英军部队开始交火。德军乘坐卡车和装甲车一路轰轰隆隆地行进，很快向北疾驰，攻占了英军第 7 装甲师的指挥所。他们甚至还抓获了该师师长弗兰克·梅塞尔韦少将，不过当时并未意识到这一点，因为梅塞尔韦摘掉了他的军衔徽章，于当晚设法逃跑了。

在上午九十点钟，德军装甲师在贝尔哈凯姆和艾尔阿德姆之间的半路上遭遇了英军第 4 装甲大队的大约 60 辆重型坦克。在德国人运来 88 毫米高射炮之前，英国的这些庞然大物发动了 3 次快速出击。但德国的大炮向迎面冲来的英国坦克射出雨点般的炮弹，同时，装甲师盯住英军的侧翼，以协调得很不错的攻击方式摧毁了英军将近一半的装甲力量。英军的残余部队朝艾尔阿德姆方向撤退，在那里，他们报复性地轰炸了德军的第90轻型坦克师。

在这次行动中，隆美尔偏爱走在部队最前面的做法取得了很大的成功，可是，这种直接带领部队穿插的做法给指挥带来了很大的麻烦，在他频繁的突袭行动中，有时他甚至会与他的流动指挥所失去联系，从而与那些分散在四处的地面部队和空军无法联系，它们的调度派遣全都得靠他的指令，这导致前线指挥所的秩序异常混乱。

如果说隆美尔喜欢亲临战场的指挥风格有时候得罪了他的高级官员的话，那么这种风格却鼓舞了部队的士兵，他也能够很快感觉到前线变幻不定的局势并及时做出适当的反应。

他的装甲部队本来呈一个巨大的弧形包围着加扎拉防线的，但现在他确定，防止部队被击溃和分解敌军的唯一办法是完成圆形包围。他要暂时放弃进攻托布鲁克，而把他分散的部队集中在加扎拉防线中部的后面，从东至西突破雷区，从而恢复自己的供应渠道，以巧妙的一击切断英军的防线。

这一行动的目标在贝尔哈凯姆以北大约24公里处，在一片碗形的洼地周围，英军的防守系统好像有一处宽大的缺口，这是隆美尔的部队最惊人的发现。原来在两边地雷已被清除的洼地中间，蜷缩着一个德国侦察机以前不知为什么没有发现的英军据点，第150大队的好几千英国兵在80辆“马蒂尔达”坦克的支持下驻守着据点。

据点里的大炮直接瞄准轴心国部队的两条通道，以致任何东西要想运过通道几乎不可能。隆美尔义无反顾地要执行他的新计划，他要摧毁这座据点。接下来的几场战斗是在令人窒息的尘土和灼热中进行的，激烈的战斗，使这一地区成了有名的“沸腾的大锅”。

在对英军要塞形成包围圈后，隆美尔5月31日早晨命令以3个师的兵力发起进攻。他的炮队发射了一轮又一轮的炮弹，俯冲式轰炸机从空中呼啸而下，装甲车轰隆隆地开上前去，第104步兵团的地雷工兵引领士兵穿过了最后一道地雷防线，进入英军据点。德军挥起一面白旗，对方马上举起手帕和围巾作为应答。炮火渐渐平息下来，当天，有将近 3000 名英国军人投降。

■ 被俘的英国守军

把“沸腾的大锅”牢牢控制在手里后，隆美尔挥师南下，攻打贝尔哈凯姆。6 月 2 日，这个位于摇摇欲坠的加扎拉防线南端的坚固据点再一次抵抗住了来自第 90 轻型坦克师的大规模进攻。这个据点是英军整个防御工事中地雷埋得最为密集的地区，估计有 1200 个炮台供机枪和反坦克火炮使用，而且，它的 3600 名将士绝大多数都有一股抗击敌人的顽强斗志。

3 天过去了，炮击和轰炸几乎没有停过，但防守者仍然拒绝放弃。直到 6 月 10 日，经过两周艰苦折磨的防守者已筋疲力尽，没有水和弹药，另外还遭到一支已渗透到他们北侧的攻击小分队的威胁，他们只好放弃了战斗。

但是，他们的放弃方式与他们的英勇抵抗精神是一致的。利用德军阵线西侧的一处缺口，大约 2700 名守军将士趁着黑夜“溜”了出去，并与第 7 师的卡车和救护车大队胜利会师。其他 500 名防守者，由于大多数伤势太重，无法逃离，被迫投降。隆美尔没有听从希特勒“将他们秘密处死”的命令，而是全部按战俘对待，他很尊重这支顽强的队伍。

三、开罗危在旦夕

鹰在炫耀

5 月 26 日，隆美尔按计划准时在加扎拉防线上发起了进攻。

隆美尔用他的全部装甲部队绕过加扎拉防线南端的贝尔哈凯姆，向前扫荡，打算同英国装甲部队交战，并将它消灭，然后从背后袭击英军早已部署好的阵地。但他遭到英军装甲部队和所有严阵以待的守军的顽强抵抗，进展缓慢。隆美尔及时改变计划，令工兵在英军地雷区中开辟出两条通道，经过惨烈的厮杀，终于粉碎英军抵抗，迫使英第 8 集团军司令里奇将军于 6 月 14 日把残余部队拖出加扎拉防线，向后撤退。隆美尔乘胜追击，6 月 17 日便牢牢地箍住了托布鲁克要塞。6 月 20 日凌晨，隆美尔站在艾尔阿德姆东北的高地上，通过双筒望远镜，可把托布鲁克要塞的轮廓看得一清二楚。

6 月 20 日，按照预定计划，凯塞林派来的上百架“斯图卡”轰炸机，编成密集的队形，飞机俯冲之处，顿时烟云腾空，地面部队乘机猛攻。当晚 8 时，托布鲁克要塞守军司令克洛普将军向第 8 集团军司令部报告说：“我的司令部已被包围，环形阵地上的步兵仍在艰苦奋战。我正在坚持抵抗，但我不敢说还能坚持多久。”次日黎明，克洛普被迫投降。

隆美尔一得到托布鲁克要塞守军投降的消息，立刻给希特勒发报：“托布鲁克整个要塞投降了！”5 分钟后，他又向德国非洲装甲

■ 隆美尔在前线指挥作战

集团军颁布命令："在长达 4 个星期的苦战中，你们忠勇可靠，使敌人不断受到打击。你们的进攻击败了敌人准备发动的进攻，使他们的装甲车辆损失殆尽。""非洲装甲集团军的勇士们！现在我们必须彻底打垮敌人，在即将到来的日子里我要求你们再接再厉以实现我们的目标。"

隆美尔的目标是什么呢？是埃及。此时隆美尔胸中的希望之火正熊熊燃起，夺取托布鲁克不过是跨过尼罗河的跳板，他要像亚历山大大帝、拿破仑一样征服埃及，做一个伟大的征服者。

空军元帅凯塞林意识到，隆美尔有可能在攻克托布鲁克后禁不住形势的诱惑而跟踪追击，便于 6 月 21 日匆忙飞抵托布鲁克要塞，两人在隆美尔的指挥车里展开了激烈的争执。隆美尔强调：他要乘胜前进，攻下马耳他岛才进攻无疑是错误的；装甲集团军虽在加扎拉防线上遭到重大损失，但英第 8 集团军的处境要坏得多；现在是向苏伊士运河进军的千载难逢的机会，如果拖延下去，哪怕是几个星期，英军就可能调来精锐部队，阻止我军继续前进。凯塞林则严正指出：如果没有德国空军全力支援，就不能向埃及进军；如果给予全力支援，空军就不能支援攻打马耳他岛的行动；如果马耳他岛拿不下来，隆美尔的后勤线就会毫无保障。凯塞林认为，唯一正确的途径是坚持原定的计划，把入侵埃及的时间推迟到攻下马耳他岛以后。凯塞林未能说服隆美尔，一向面带微笑、彬彬有礼的他没有与后者握手，只是撂下一句话："我要把空军撤回意大利的西西里岛！"便气呼呼地离开了。6月22日，隆美尔的顶头上司意大利的巴斯蒂柯将军也来到托布鲁克，命令他停止前进。可隆美尔却回答，他"不接受这项忠告"，并开玩笑说："请你同我一起到开罗吃晚饭吧！"

隆美尔已于21日下午即令德军第21装甲师沿甘布特的公路急速东进，这是他入侵埃及的第一步。当日晚，他派了一名信得过的联络军官，去把自己的意见报告给希特勒，同时又致电墨索里尼："部队的状况和士气，加上缴获物资的军需品以及目前敌方的弱点，都有利于向埃及腹地追击残敌。"隆美尔的胜利在德国引起喧闹。德国广播电台于6月21日奏起了《鹰在炫耀》的乐曲。每逢有战胜的重要新闻，电台总是中断正常广播，先播这首曲子，接着播送新闻。希特勒一得到隆美尔的电报，便当着他的军事顾问们宣布，任何攻占马耳他的企图都已经"完全"不在考虑之列。当隆美尔的联络官向希特勒面报后，这位独裁者立即致电墨索里尼宣称：现在非洲的"转折点"已经到来，并自鸣得意地解释说，常胜的统帅如果在胜利的时刻不能坚持到底，那么"历史的契机"和"胜利女神将永远不会再现"。墨索里尼立刻心领神会，为隆美尔的进攻行动大开绿灯，指示意大利总参谋部把攻占马耳他岛的行动推迟到9月。过了几天，墨索里尼在一大帮记者和军政要员的陪同下从罗马飞抵非洲，为胜利进入开罗和亚历山大作准备，并空运了一匹白马，以便到时骑着这匹骏马耀武扬威地进入开罗……

沉重打击

托布鲁克陷落时，丘吉尔正在美国访问。此行的目的是与罗斯福商讨美英两国 1942—1943 年的联合作战计划和制造原子弹问题。行前，北非战事已开始向不利于英军的方向逆转。丘吉尔曾致电奥钦莱克，令其确保托布鲁克要塞，得到奥钦莱克肯定的答复。

6 月 21 日上午 8 点，丘吉尔一行在严密的护卫下到达白宫，被安置在宽敞的有空调的房间里，那里的温度约 25℃，比白宫其他大多数房间的温度均低；丘吉尔用一小时的时间阅读报纸和电报，然后进早餐，在走廊里找到霍普金斯，然后到罗斯福总统的书房里去看望他。英内阁成员伊斯梅将军陪他前去。不一会儿，一封电报送到罗斯福手中，他一言不发地把电报交给了丘吉尔。电报上写道："托布鲁克陷落，2. 5 万人被俘。"丘吉尔不信，让伊斯梅打电话到伦敦询问。几分钟内，伊斯梅将在亚历山大港的哈伍德海军上将（英国新任地中海舰队司令）的下列来电递给了丘吉尔：

> 托布鲁克已经陷落，情况恶化，亚历山大港可能即将遭到严重的空袭。鉴于月圆的时期即将来临，我正调遣所有东方舰队到运河以南，以防万一。我希望英王陛下军舰"伊丽莎白女王"号在本周末能够驶出船坞。

这是丘吉尔在第二次世界大战中所受到的最沉重打击之一。托布鲁克的陷落不仅在军事上的影响是严重的，而且大大损害了英国军队的声誉，引起了下议院对丘吉尔的信任危机。

"豹"的跳跃

1942 年 6 月 21 日托布鲁克要塞陷落时，英第 8 集团军的剩余部队已撤到利埃边境埃及一侧。当日，在开罗的奥钦莱克以中东防务委员会的名义致电首相丘吉尔，叙述了将要采取的措施：一种方案是，凭借国境线上的防御工事死守不退，因没有足够的装甲部队与敌周旋，可能会导致防守的步兵部队悉数被歼。另一种方案是，以高度机动的机械化部队在国境线上迟滞敌人，第 8 集团军主力在空军掩护下撤到马特鲁港的防御阵地，以便争取时间整顿队伍，向敌发动反攻。他并明确表示要采取第二种方案。

6月25日，奥钦莱克本人到达马特鲁，解除了里奇对第8集团军的指挥权，由自己亲自指挥。里奇曾是一位出色的参谋人员、品格坚毅的军长和前中东总司令的副参谋长，深受奥钦莱克的信任和赏识。他是奥钦莱克力荐任第8集团军司令的，现在奥钦莱克又不得不亲自解除其职务。第8集团军是英国在中东的柱石，如该集团军被歼，英国就会丧失对埃及乃至整个中东地区的统治，并使苏联的南翼暴露在德意部队进攻面前，基于以上考虑，奥钦莱克不得不做出上述决定。

奥钦莱克在来马特鲁前就在思考要不要坚守马特鲁。6月25日夜间，他得到报告说，隆美尔将于第二天早晨进攻马特鲁，便立刻撤销了里奇下达的坚守马特鲁的命令，命令第8集团军在战事不顺时撤往阿拉曼。为此，他作了如下的部署：第10军会同印度第10步兵师和英第50步兵师扼守马特鲁防线。在其南边，是第13军指挥下的印度第29步兵旅和新西兰师，29步兵旅防守地雷区之间一个10公里宽的缺口，新西兰师则防守沙漠侧翼。

的确，自6月21起隆美尔率领的德意部队像只沙漠猎豹凶猛地扑了上来，欲将英军一口吞掉。6月25日这天，已晋升为陆军元帅的隆美尔所率的3个德国师已进入了马特鲁地区，其先遣队接近了马特鲁港的外围阵地，他宣布次日对马特鲁港守军发起进攻。6月26日下午，3个德国师带头向英军防线冲去，由于攻击正碰上英军防线的薄弱部队，很快就取得突破，为第二天向纵深突击打开了通路。27日上午，只剩下23辆坦克和600名疲惫不堪的步兵的德第21装甲师绕至新西兰师的背后，第21装甲师在尚不知这里有整师的敌军的情况下贸然发起进攻，结果像撞在了石墙上一样毫无进展。入夜，第21装甲师处境危急，东、西两面都处在英军坦克部队的威胁下，幸运的是，隆美尔指挥德第90轻型装甲师当日傍晚在马特鲁港以东35公里处切断了公路，堵塞了英军的退路，英第13军军长戈特决心动摇，下令该军撤退。午夜过后，新西兰师各营部队疏散部队，把所有枪支上好刺刀，穿过田野向正东移动。兵力薄弱的德第21装甲师完全没有料到这一着，在激烈的白刃战中，被彻底击溃。6 月 28 日凌晨 5 时，隆美尔驱车赶至第 21 装甲师被突破的阵地时，双方混战中被击毁的车辆冒着浓烟，尸体横七竖八地躺满了阵地，鲜血浸红了沙漠。他不无悲哀地写道："这个事实表明，在沙漠之战中要想以临时组成的包围圈阻止敌逃走是十分困难的，只要敌人意志坚决，利用机械化车辆，是不难迅速集中兵力于一点杀出重围的。"6 月 28 日夜，英第 10 军近 2/3 的部队也分成小队，突围而去。其中一支部队十分聪明，取道德装甲集团军指挥部所在地突围。为堵截这支英军部队，连装甲集团军指挥部的参谋人员都参加了战斗，作战处长梅林津亲自操起一挺轻机枪猛扫。隆美尔是这样描绘这次战斗的：

> 随之而来的疯狂的战火，把我自己的战地司令部也卷了进去。……我的部队和新西兰人之间对射的炮火，达到了惊人的激烈程度。不久，我的司令部周围全是燃烧着的车辆，因而变成了敌人的目标，遭到持续不断的近距离炮火的攻击。过了一会儿，我再也支持不住了，我命令我的部队和司令部人员向东南方撤退。那一夜的混乱情况简直是难以想象的。

为防止再次发生类似的危险，隆美尔下令组建了一支特种分队保卫他的指挥部。

6 月 30 日，隆美尔的先头部队已进抵阿拉曼。阿拉曼的阵地起自阿拉曼车站，直到南面 55 公里的无法逾越的卡塔腊盆地。这是一道很长的防线，除了阿拉曼周围有半永久性的堡垒以外，防线主要由若干互不相连的工事组成。这些工事是近几个星期内由英军工兵和意大利战俘匆忙构筑的。防线的两翼比较可靠，第 8 集团军退守该防线后进行了紧急整补，第 9 澳大利亚师随后也进行了加固。阿拉曼往东 75 公里是埃及重要港口亚历山大，后勤补给十分便利。英皇家空军为支援第 8 集团军空前活跃起来，对隆美尔的部队和后勤补给线进行了猛烈的轰炸。丘吉尔下令："要不惜一切代价坚守阿拉曼！"奥钦莱克亲自指挥部队，并打破步兵师建制，组成"战斗群"。"战斗群"由摩托化步兵和炮兵分队组成，机动灵活又便于发挥火力，这是步兵师做不到的。奥钦莱克决心击败隆美尔的任何进攻，不过，为保存第 8 集团军，使之免遭在战场上被歼的厄运，他已拟订了万一阿拉曼失守后的计划：将第 8 集团军撤往尼罗河三角洲；若开罗和三角洲不保，便继续向南退至尼罗河。

6 月 30 日晨，隆美尔便拟订了下列计划：非洲军应装出向卡塔腊盆地进攻的架势，而实际上于当日夜占领阿拉曼车站西南近 20 公里处的阵地。由于部队疲惫不堪，隆美尔的进攻不得不推迟到 7 月 1 日进行。

7 月 1 日，隆美尔对阿拉曼的进攻开始了。这消息像野火一样很快在整个亚历山大港燃烧起来，引起阵阵骚动和不安。英国海军奉命撤出亚历山大港前往塞得港和海发港。此时正在开罗的英国战地记者阿兰·莫尔埃德记下了开罗的动荡场面："开罗的街道挤满了从亚历山大和乡村撤退来的汽车和从前线回来的军用运输车。英国领事馆被申请去巴勒斯坦的人围得水泄不通。开往巴勒斯坦的列车也拥挤不堪。""长长的船队正驶往巴勒斯坦。没有作战任务的部队奉命立刻撤退，驻埃及的美军司令部的部分人员夜间撤往阿斯马拉。南非志愿为战争服务的妇女纷纷登上南去的列车，一些南非军队的士兵紧随其后。英军的妻子被告知作好立刻撤退的准备——一些人将被送往巴勒斯坦，其余的上停泊在苏伊士运河上的船只。"

然而，这不过是一场虚惊。由于判断失误，隆美尔的进攻没有成功。德军发起进攻后才发现迪尔阿卜德没有英军支撑点，而在 5 公里以东的迪尔西因却有一个新的支撑点。该支撑点的英军将德军死死牵制住，并击毁了德军仅剩的 50 辆坦克中的 18 辆。增援上来的英军装甲部队封住了德军前进的道路。

隆美尔仍然信心十足，下令部队趁月色继续进攻。只有正常兵力 1/6 的德第 90 轻型装甲师的步兵和机枪手们匆忙爬进卡车和装甲车，向阿拉曼进发，他们试图迂回阿拉曼防线，但遭到英步兵和炮兵火力的猛烈射击，狼狈逃回。"惊慌"这个字眼第一次出现在这个德国师的战时日志里。后来隆美尔亲自驱车上阵，重新组织进攻，一颗炮弹在离隆美尔的小汽车仅 6 米的地方爆炸。他手下的人不得不发疯似的挖坑，以便把脑袋藏起来。德装甲集团军作战处长梅林津写道：“到了 7 月 1 日，我们的胜利前景已化为泡影。我们只有以巧妙的机动来战胜敌人，但实际上我们已经陷入一场消耗战里。”

此时的中东总司令奥钦莱克已与以往判若两人。过去他一面对前线的作战进行遥控式指挥，一面还要对付叙利亚、波斯潜伏的危险。现在，德意部队已打到了开罗的大门口，奥钦莱克几乎全部精力都贯注到对阿拉曼防御作战指挥上。他亲临前线，因情定策，果断用兵。7 月 2 日，尽管隆美尔的进攻仍在继续，但奥钦莱克抓住隆美尔的破绽，向德军进攻部队缺少保护的南翼实施猛烈反击，迫使隆美尔抽出德第 15 装甲师迎战。7 月 3 日，当隆美尔集中德第 90 轻型装甲师和意大利塔兰特师向阿拉曼的支撑点实施向心突击，企图进行中间突破时，奥钦莱克派出装甲部队进行阻击。这天下午，猛虎般的新西兰师与意军最有战斗力的阿雷艾特师相遇，新西兰师的步兵们上起刺刀，发起勇猛的冲锋。该师第 19 营在向阿雷艾特师侧翼突击时，缴获了 28 门大炮，俘虏意军 400 人，其余意军扔下武器，“惊慌失措地逃跑了”。7 月 3 日，隆美尔写信给妻子露西：“为了突破亚历山大港前这最后一道防线，我们已拼命打了几天了。几天来，我整天位于前线，住在车辆里或蹲在地坑里。敌空军威胁太大。”同日，他致电德军最高统帅部，被迫承认自 6 月中旬开始的追击已“暂时”结束。隆美尔的部队已筋疲力尽，只剩下 12 辆坦克。不过，他想只要几天内补给跟上来，他又可以前进了，而且就像拿破仑一样到达金字塔。

奥钦莱克决心使隆美尔对金字塔可望而不可即，他发动了一系列反攻，很快打乱了隆美尔几天后继续前进的时间表。7 月 4 日晨，丘吉尔在前往下议院参加对他的不信任决议案辩论前，发了一封电报。

首相致奥钦莱克将军：

我对事情发展的趋势，不禁深感喜悦。如果运气好转，我确信你将如你所说的那样“毫不留情地”力占上风。

四、马特鲁战役

安静的沙漠又开始燃烧起来了。发烫的沙砾，发烫的夏风，发烫的情绪，让这支德意联军部队经历着喜悦而又苦涩的煎熬。

6月22日，还在隆美尔被擢升为陆军元帅之时，他就命令刚刚攻克托布鲁克的装甲军团挥师东进，跨过埃及边境的铁丝网，向着英军从海边一直延伸到卡塔腊盆地的阿拉曼防线急驰。现在，他的整个装甲军团已完全到达了这条防线的外围，同奥钦莱克将军亲自指挥的英军第8集团军对峙。

“到亚历山大和开罗去轻松一下，士兵们!”这是隆美尔对士兵们发出的一个有诱惑力的号召。

久经辛劳的德军士兵受不了这种蛊惑，他们如同一架架麻木的机器，只凭一点心灵的召唤，便迈动双腿奔赴前方。

隆美尔现在离亚历山大英军海军基地只有一百英里之遥了。情报表明，英军的大批军舰正纷纷撤离，去保卫尼罗河了。

尼罗河上的英军又怎么样呢？英军照样乱成了一锅粥。埃及首都开罗已宣布进入紧急状态，英军已开始接管开罗，英军士兵正日以继夜地在金字塔附近修筑防御工事。

在英国本土，失败的论调更是笼罩在这个孤立无援的岛国之上。在议会，丘吉尔遭到了反对党甚至本党议员的强烈斥问。激动的威尔士议员安尔林·贝万尖锐地指出：“丘吉尔在辩论中总是赢得了一个又一个的胜利，在战场上却面临着一个又一个的失败。”

约翰·瓦德洛·米尔恩爵士问道：“首相阁下，你真的不认为过去几个月发生的一切不是一连串的灾难吗？你真的不认为这一连串的灾难是由于军事总部的根本错误所造成的吗？”

温特顿勋爵也辛辣地挖苦道：“类似目前的这一连串灾难，我们过去从来不曾有过。政府总不能用一句‘首相总是正确的’来推卸自己的责任吧。”

丘吉尔红着脸出语惊人：“第8集团军的官兵们确实遇到了世界上最为强大的对手。抛开战争的灾难不说，隆美尔确实是一位杰出的军事天才。”

一位议员马上接过话茬：“按照英国军队的按部就班传统，隆美尔如果在英国军队里服役的话，他大不了是一名中士。”

他的话引起了一阵哄堂大笑。

丘吉尔在伦敦的窘境也引起了德国人的一阵嘲笑。希特勒颇带怪异地自言自语：“只有丘吉尔这个大笨蛋才会如此吹捧一个敌国的将领。”

1942年7月1日，隆美尔向英军阿拉曼防线发动了第一次攻击。德军第90轻型装甲师士兵趁着沙漠风暴闯入了英军阵地。他们遇到了英军的激烈抵抗，德军损失惨重，士兵们纷纷溃退。指挥官们命令士兵们返回各自的阵地，疲劳至极的士兵们却原地不动。隆美尔亲自驱车上阵，重新组织进攻，但仅剩20余辆卡车和装甲车的这支小部队根本无法向前推进。

非洲军仅剩下30多辆坦克了，意大利士兵远远地躲在后面，一直不愿冲锋。隆美尔发疯地同意大利指挥官进行无线电联系，仍旧没有什么结果。

原来，英军的宣传机构到处散布谣言，说埃及一旦被征服，一切财富都将落入德军手中。这一谣言马上在意军营里产生了效果，整营整营的意军开小差，不少部队出现骚乱。

7月2日，德军第90轻型装甲师在没有任何炮火掩护的情况下，遵照隆美尔的命令向英军又发动了一次尽职尽忠的进攻。仅仅前进了2000米，就被英军势不可挡的炮火和机枪扫射挡住了。隆美尔暴跳如雷地赶到了阵地上，他不顾一切地命令非洲军的两个装甲师进行一次打开通往海岸突破口的尝试。几个小时过去了，德军仅仅推进了500米，非洲军损失了11辆坦克。至此，非洲军仅剩下26辆坦克了。

第二天中午，隆美尔命令整个非洲军全速向前推进，效果依旧甚微。这些疲惫不堪的德军士兵如一个个梦游者，已经丧失了知觉。意大利军队里最优秀的阿雷艾特师同新西兰师展开了白刃战，他们损失了大部分武器，有400人被俘。

7月4日，墨索里尼和大批随行人员抵达利比亚督阵，他们焦急地等待非洲军团开入开罗的庄严时刻。可是这只是一个美好的愿望罢了。

7月9日凌晨，隆美尔被一阵雷鸣般的炮声惊醒。他立即有一种不祥的预感，这是野战炮的炮声，这种连续爆炸的炮声自第一次世界大战以来他再也未曾听到过。爆炸声就在他的司令部以北40英里的地方。英军向海岸附近的两个山脊发起了突然的袭击。这两个山脊目前正由意大利人把守。

隆美尔立即让德军主力赶赴支援。他命令所有的机动部队都去参加堵住缺口，可惜的是，他们赶到时，人心涣散的意大利沙布拉萨步兵师已经后退了6000米。真正抵抗英军的却是一个叫西波姆的上尉指挥的德军无线电侦破连。

在激烈的战斗中，西波姆阵亡了。他和他的整个连队全军覆没了。

隆美尔得知情况后震痛不已。这对他和他的非洲装甲军团是一个可怕的打击。西波姆上尉指挥的这个训练有素的无线电侦破连，几个月来，一直给隆美尔提供着大量的准确无误的情报。他们的消失，使非洲军团变成了“瞎子”和“聋子”。他侦破过的密码本和敌军作战命令全部都被英军缴获，这在今后的几个月里将给德军造成无法估量的损失。因为英军必定会更换密钥，改变方案，而这些密钥和方案又不为德军所知。

第二天，澳大利亚师向两个山脊之中的一个发动了猛烈的攻击，中午之前他们成功地占领了这个山脊。守卫这个山脊的意大利特兰托师望风而逃。

隆美尔意识到，真正的胜利只能指望他的德军部队。意大利部队最近的“滑坡”是因为他们中了英军广播的“魔”，要改变这一现状，还得相当长一段时间。

7月13日，他再次命令德军第21装甲师向英军阵地发起攻击。隆美尔计划切断阿拉曼防线那个坚固的布雷区，然后从这里找到突破口。

瓦尔道的飞机再次有力地支援了他。漫天呼啸的轰炸机把一吨吨重磅炸药投放在英军阵地上，溅起了漫天的浓烟。

晚上 8 时，隆美尔激动地宣布，装甲师将在轰炸机的出色掩护下直接插进英军的防线，并于当晚到达阿拉曼以东的海岸公路。

然而事实却并不乐观。第 21 装甲师在英军的铁丝网面前一筹莫展。他们只能靠为数不多的地雷工兵的钢丝钳清出一条狭道，蜿蜒而进。战场渐渐被黑夜笼罩，他们只能靠炮火的光焰和微弱的月光指路。不久，燃料耗尽的坦克停了下来，一些坦克在英军猛烈的炮火下开始调头。军官们上前阻止坦克后撤，却无济于事。

晚上 10 点，隆美尔看到进攻失败已成定局，便命令部队撤回到了原来的出发线。

接下来几天的战斗，非洲军团亦是损失惨重。英军的战略意图很明显，那就是集中优势兵力围歼战斗力不强的意大利军队，为最后同德军决战扫清“外围”。意大利的巴维亚师和卜雷西亚师就是在这种情况下遭到围攻的。他们无法抵挡住英军猛烈的攻势，不久就崩溃了。与此同时，澳大利亚师亦已在两个意大利师、特兰托师和特里艾斯特师之间打开了一道突破口。特里艾斯特师士气低落，有大批士兵开小差，遇到英军围攻，不战自溃。这样，隆美尔不得不把最后剩下的后备军也填补了上去。

隆美尔面对这一局面，不禁悲哀极了。他的仅有的 42 辆德国坦克和 50 辆意大利坦克是他用以进攻英国人的唯一资本。他唯一能乞求的，是战线的平静，是英军放慢反攻的节奏，这样，他就有时间来喘一口气，寻思着对付英军的新的策略。

罗马最高统帅部总参谋长卡瓦利诺将军在战区指挥官巴斯蒂柯以及空军司令里诺·富热尔的陪同下，来到了隆美尔的营地。他们带来了墨索里尼亲切的问候。隆美尔只能凄惨地告诉他们：“如果再有类似的打击，我觉得自己无法再控制这样的局势了。”

7 月 21 日以后，奥钦莱克将军更为猛烈的反攻开始了，德军装甲师遭到了前所未有的强烈冲击。英军的飞机在坦克的上空作着惊人的超低空飞行，把炸弹准确无误地投在坦克炮管上。密集的炮火震耳欲聋。一个新西兰旅趁着夜色的掩蔽从南面插进了埃及沙漠中央一处洼地，非洲军指挥官奈宁将军决定歼灭这股来犯之敌。

凌晨，奈宁命令德军一个装甲团连续前进三个小时，完成了对这片洼地的包围，步兵营的机枪手已埋伏在坦克的背后。四点一过，奈宁将军的信号弹划破长空，拖着灿烂的尾光，把整个阵地照得通明。高爆炸力的炮弹和迫击炮弹雨点般地落在新西兰旅中。新西兰旅乱作一团，死亡一千余人，大批装备落入非洲军手中。

奥钦莱克为了报复德军的这次“得手”，于第二天从东面投入了 100 辆坦克，向德军阵地发起了大规模的进攻。上午 7 时 30 分，他们突破了隆美尔的布雷区，势不可挡地冲到了德军战线的后方。德军单薄的步兵阵地亦被突破。隆美尔的非洲军团眼看就要被英军包了“饺子”，幸亏非洲军第 21 装甲师赶到营救他们，才使他们没有成为英军的俘虏。

在暗淡的战局中，88 毫米高射炮再次为隆美尔的非洲装甲军团赢回了生机。英军大批“马蒂尔达”坦克甚至新式的美制“格伦特式”坦克都在 88 毫米高射炮面前成为灰烬。7 月 23 日，英军第 23 装甲旅遭到非洲军全部力量的围歼，英军损失了 146 辆坦克和 1200 名士兵。这一富有意味的戏剧性事件使得德军化险为夷，度过了最为艰难的时期。

以后的几个星期，战场上比较平静。英军再也没有发起大规模的进攻，而力量对比仍极为不利的隆美尔，也利用这个相对和平的时期整顿队伍。他知道他的装甲军团力量仍然不足以抵挡住英军的大范围攻势，于是不得不下达了最为严厉的命令，以防止一个月前那种泛滥于德军各条战线的混乱再度出现。他要求每个官兵都要坚守自己的阵地，决不后退。如有临阵怯逃者，以军法论处。

在这段休整的日子里，隆美尔的力量得到了迅速的增强。仅在 7 月里，他就得到了 5400 名补充的兵员和新组建的第 164 轻型装甲师的两个先头团。1.3 万名新兵已空运到了非洲，更多的部队正以平均每天 1000 人的数额逐渐到达。8 月初，由赫尔曼·兰克将军指挥的一支空军精锐部队、德军第一伞兵旅已划到了隆美尔属下。隆美尔迅速将这些部队派到德军防线的薄弱地段，加强那里的力量。

意大利新的增援部队也在源源不断地到达。意军第一流的弗尔格尔伞兵师也赶来参战。

隆美尔终于可以踌躇满志了，他在计划着新的大规模进攻。同他的性格相一致，他喜欢带有冒险意味的大战，因为只有大战才有机会赢得大胜。

他想把整个非洲军团押上赌注。酷爱迂回进攻的他，这一回再一次选择了迂回到英军防线的南端，然后从那里打开缺口，同英军第 8 集团军决一死战。他还想趁此机会，分兵开罗和亚历山大，跨过尼罗河上的桥梁，发动一次闪电进攻。

整个 8 月，隆美尔都让部队保持原地不动。他在冥思苦想，他要找到一个克敌制胜的万全之策。

装甲军团的士兵们顶着烈日，在紧张地修筑着工事。沙漠上到处都回荡着风钻声、爆破声和铁锹铲土的声音。奈宁将军还亲自站在烈日里，指挥士兵们布雷。这成千上万颗地雷，是为了防止英军首先发动进攻而埋的。

凯塞林元帅来了，他要同隆美尔商量反攻英军的具体日程。

五、阿拉曼防线阻击战

> 帝国首相致副首相：
>
> 帝国总参谋长果断地举荐蒙哥马利任第 8 集团军司令。史末资元帅和我认为这个职位必须立即补上，请尽快用专机将他送来。他何时能到达，盼告。
>
> 温斯顿·丘吉尔
>
> 1942 年 8 月 7 日

这是丘吉尔在英军总参谋长布鲁克陪同下来到开罗的当天晚上给尚在伦敦主持战时内阁的英国副首相艾德礼的一份急电。

此前，内阁已做出决定，蒙哥马利任第 1 集团军司令，保卫英国本土，第 8 集团军司令则由英军第 13 军军长戈特将军充任。不幸的是，当戈特乘坐的速度缓慢的运输机飞行的时候，一架从高空飞下来的德国战斗机遇上了它，把它击落了，戈特当场丧命了。丘吉尔刚刚视察完第 51 高地师的阵地回来，听到这个消息，他惊讶得目瞪口呆。

戈特将军所乘飞机飞行的这条航线，被认为是百分之百的安全，因此，丘吉尔本人使用这条航线的时候，也没有要任何战斗机护航。可悲的是，万一之中的事竟然让一个刚担大任的人遇上了。

丘吉尔只好立即召见了史末资元帅和布鲁克将军，并在电话里征询英国中东战区总司令奥钦莱克爵士的意见，他们协商的结果是，让出任第 1 集团军司令尚不足 24 小时的蒙哥马利中将填补戈特将军留下的空缺。

这对蒙哥马利来说，真是一个天赐的良机。这位英国圣公会一名主教的儿子，有一种对战争的癖好。他做梦都想在全世界新闻记者的警惕注视下，赢得一场戏剧性的胜利，打败一个类似隆美尔这样的著名敌人。

接到陆军的电话后，蒙哥马利迅速告别了正在观看的军事演习，于 8 月 10 日离开英格兰，12 日一早就赶到了开罗。

一到开罗，蒙哥马利就兴致勃勃地去拜访了上司奥钦莱克。

8 月 13 日，蒙哥马利正式就任第 8 集团军司令。

乱糟糟的摆设，乱糟糟的军容，乱糟糟的感觉，蒙哥马利对这里的第一印象十分不佳。更令他感到吃惊的是，第 8 集团军司令部与沙漠空军司令部相距是如此遥远，几乎到了不能互救的地步。

蒙哥马利信奉严格的上下级制度，他坚定地维护着军官的尊严。他遵从这么一条原则：指挥官和他的助手们是可以有合情合理的生活享受的，那是因为可以保障工作效率。他讨厌军营里的脏乱差。

第 8 集团军代理司令拉姆斯登少将跑来了，这位曾在蒙哥马利手下当过营长的将军十分拘谨地站在后者的面前。

“这一段时间隆美尔有什么动静吗？”蒙哥马利问。

“看不出德军有什么新的意图。他们的军车还像往常一样，在阿拉曼战线上走来走去。”这位前30军军长说话时总是含含糊糊。

蒙哥马利皱起了眉头：“好吧，你继续回去当你的军长。有什么命令，我会及时传达的。”

蒙哥马利对英军的状况十分忧虑。到了这里，到了这时，他才明白英军为什么屡屡败在隆美尔手下。

战争能否取胜的关键是指挥官的素质。蒙哥马利一直认为，一个指挥官的成败决定于他的能力，即最终为他的部属所公认的能力。1914年秋天，当他还是一名排长，率领30名沃里克军团的老兵随英国远征军开赴法国作战时，他第一次体会到了被自己领导下的士兵估量是个什么滋味。他感觉到，这些士兵想知道的是，领导他们的军官可不可以信赖。士兵们是要去作战的，他们的生命就掌握在军官的手里。

接管第8集团军后，蒙哥马利立即做了四件工作：第一是在集团军内树立他的形象并恢复全集团军人员对集团军本身及其高级军官的信任；第二是审查指挥机构，并砍掉那些他认为普遍存在的“朽木”；第三是建立一个与他的性格和作战理论相适应的指挥系统；第四也是最终，即如何打败隆美尔。隆美尔的进攻是明摆的事，问题是他将在何时何地进攻。应付这场迫在眉睫的进攻将是他来非洲后的第一个考验，他必须打赢！

8月13日晚，在完成了沙漠阵地的第一次巡视回到指挥部后，蒙哥马利向第8集团军的全体参谋人员发表了第一次讲话。他先作了自我介绍，然后开始公布了他与任何前任性格相悖的“施政纲领”：

“正像你们所知道的那样，我已经发布了一些命令，并且将继续发布命令。‘决不后退’的命令意味着作战方针的根本改变。你们必须明白我的方针是什么，因为你们将处理具体的参谋工作。我坚定地认为，目前的一些局面要得到较大的改变。如果要就地作战，那么防御阵地必须有纵深，所有的运输工具必须撤回后方，弹药、水、口粮等必须贮藏在前方地区。为使‘决不后退’的决定有实现的可能，第8集团军需要更多的部队。在后方，尼罗河三角洲有大批部队守卫，但埃及城市的保卫必须通过这里的阿拉曼战斗来实现。”

蒙哥马利的这些言论被新闻记者们迅速地传到了前方。他的这种树立个人形象的做法很快就获得了相应的效果。

蒙哥马利的第一件“实干”工作，还是要算整顿指挥系统和对“朽木”们的处理了。他的无情是出了名的。他将精明能干的德·甘冈准将提为他的参谋长，并且当众宣称，参谋长将代表他本人，参谋长的命令就是集团军司令的命令。他还挑选了第11轻骑兵师的青年军官约翰·波斯顿为他的副官。科贝特和多尔曼等一批不称职的军官被撤职了，第7装甲师师长已被迫离开了岗位，约翰·哈丁接替了师长职务。剑桥大学的青年教师威廉斯也被蒙哥马利“挖”来了，出任他的情报处长。

更为大胆的是，蒙哥马利几乎将军一级的指挥官作了一个翻天覆地的调整。老实却无能的拉姆斯登将军被撤职了，从遥远的英国本土赶来的奥利夫·利斯将军接管了他的第30军；霍罗克斯将军充任了第13军军长，优秀的炮兵指挥官柯克曼准将担任了集团军的炮兵司令。蒙哥马利甚至还打算把迈尔斯·登普西将军调来担任新成立的装甲军第10军的军长，只是由于中东总司令亚历山大将军的阻止，他才不得已让刚刚被解职的沙漠老手拉姆斯登将军出任此职。

通过这些调整，蒙哥马利大大加强了对整个集团军的控制。德·甘冈将军领导的参谋班子，更为蒙哥马利计划的实现，提供了充分的保障。

蒙哥马利调整参谋班子的一个总体意图是，让参谋们办一切日常事务，让指挥官从琐事中腾出手来，考虑事关全局的一些大的问题。

蒙哥马利还对指挥系统作了一项标新立异的革新，根据他的计划，蒙哥马利在战场上依靠一个小型的“作战司令部”来进行指挥。这个“作战司令部”设在离“主司令部”很远的前沿地域，所有的详细计划和行政管理工作都在这里进行。在“作战司令部”里，蒙哥马利只保留了极少量的参谋、通信、机要人员和联络官。他的原则是，他的“作战司令部”在编制等级上与下一级即军一级同级。这样，他不仅能摆脱琐事频繁的“主司令部”，还能与实际指挥战斗的将军们保持密切的联系。每当同一个部属发布命令时，他总是要给更下一级的师司令部打电话，以检查他的命令的执行情况。与隆美尔身先士卒、冲锋在前的指挥方式相反，蒙哥马利喜欢把具体的战斗交给下级去完成，他自己则坐镇司令部，实施战略指挥。

同隆美尔的一场近在眼前的战斗看来是不可避免的了。隆美尔在7月同奥钦莱克的争斗中，显然吃了亏，但他不会就此罢休，蒙哥马利研究过隆美尔，认为他是一个进攻型的典型将领。

尽管德军在挺进到了阿拉曼战线后，其战线的长度远远超出了它的实力承受程度，它的补给线也有着致命的危险；尽管德军在人员和物资方面十分短缺，整个装甲军团总共缺员1.6万多人，运输工具有85%是缺少备件的缴获车辆，其战斗装备的数量比编制规定的少了210辆坦克和175辆装甲运兵车；尽管德军弹药缺乏，士兵的食品质量极差，士兵们的体力已到了消耗的极限……但蒙哥马利断定，隆美尔百分之百地会主动发起进攻。隆美尔的空中保护没了，马耳他的机场再次为盟军使用了，大批德军飞机转到了东部苏联战场上了，非洲军团的燃料已山穷水尽了，但隆美尔逃不过一个铁的事实，希特勒决不会允许隆美尔后撤。希特勒已将非洲军团的存在同苏联方向的大量德军将经过小亚细亚南下的整体战略联系了起来，对隆美尔来说，除了进攻别无选择。

蒙哥马利还分析了英军向德军作战的许多具体的战术问题。比如，德军的坦克的炮火射程不如英军坦克，但机动灵活得多，适宜于近战，而英军坦克甲厚笨重，灵活性不够，只适合于远战。为此，他下了一条严格的命令：不允许坦克从事近战。

与此同时，蒙哥马利加紧了针对隆美尔的军事部署。他向中东司令部申请了上千门远距离的大炮，盖上伪装网，布置在隐蔽的阵地上。他还以新西兰师箱形阵地的封闭的南侧翼为基础，在箱形阵地与哈勒法山之间的缺口内部署了第22装甲旅，该旅的全部坦克都在隐蔽的阵地上固守。他把新近到达的第44师的两个旅配置在哈勒法山脊，这个师是蒙哥马利向中东总司令亚历山大提出紧急请求，刚刚从尼罗河三角洲的后方调来的。第23装甲旅作为预备队配置在第22装甲旅后面，因此，蒙哥马利为隆美尔布置了一个极好的陷阱，这个陷阱的北缘又是坚固的。第 8 装甲旅部署在哈勒法山脊以南一个靠后的阵地上，而第 7 装甲师的机动分队则担负小规模的战斗任务，以保卫地雷场和向南的开放侧翼地带。

■ 蒙哥马利视察前线

蒙哥马利部署的科学性是不言而喻的，那就是，不管隆美尔采取什么样的进攻方法，这样的部署都能将他堵住。如果德军朝正东方向进攻，英军的第 8 装甲旅将迎上前去，将它堵住，而第 22 装甲旅和两个师的炮兵将从其左侧猛击。如果他突破地雷场后向左侧出击，那么他就不得不面对处于隐蔽状态的第 22 装甲旅的突然打击，他的右面还有第 8 装甲旅严阵以待。只要隆美尔敢于进犯哈勒法山口，他就不得不身陷重围而不能脱身。而一旦他被英军困住，英军的沙漠空军将以密集的队形对其实行地毯式轰炸。

英军投入这次战斗的大炮亦是令人兴奋的，它们大都是从英格兰刚刚运来的可用无线电同时指挥的最新一代大炮，这种大炮一直到战争结束都可算得上是先进的。蒙哥马利对炮兵的重视，胜过了第 8 集团军的任何前任。

蒙哥马利的这种周密的战前部署，给了第 8 集团军一种十分镇定自若的感觉。将士们感到，英军的一切准备活动，都是在不慌不忙、时间充裕的情况下完成的，因而，对胜利的坚定信念胜过以往任何时候。

为了以防万一，英军还举行了两次战前演习，他们把即将到来的这场战斗的每一个细节都演练了一遍。

"如果你们在战斗过程中遇到什么疑难，请查找演习记录！"

蒙哥马利古里古怪的观点，既让官兵们新奇，也让他们自信。

蒙哥马利的对手隆美尔的日子却十分艰难。他的最为明智的抉择是迅速组织撤退，因为德军的燃料已经到了濒临绝境的边缘，打下去的结果是在意料之中的。可是，希特勒的命令不容违抗，元首的全球大战略的宏伟计划不容干扰，隆美尔没有任何选择地做出了一个他一生中最为困难的决定：进攻。

他下令，非洲军团第一步是突破英军的布雷区，然后连夜在 7 小时之内通过未经勘查的土地，推进 30 英里。隆美尔十分清楚，一旦德军得手，就要迅速扩大战果，长驱直入英军后方，决不能打一场阵地战，因为英军的补给状况决定了他的选择：德军根本无力打一场旷日持久的消耗战。

1942 年 8 月 31 日凌晨，隆美尔在蒙哥马利料定的地域哈勒法山口开始了他的进攻。不出蒙哥马利所料，他很快就走进了英军为他布设好了的陷阱。非洲军团在英军的布雷区来回奔走了两个小时，仍未取得丝毫进展。德军情报部门提供的情报显然误了大事，因为英军的地雷场比他们设想的要宽得多。

皇家空军的"威灵顿"式飞机早在 8 月 30 日黄昏就主动出击，对德军的装甲停车场进行了偷袭。现在，它们又一次发挥了空中优势的作用，对德军阵地进行了无情的狂轰滥炸。

8 月 31 日早晨 8 点，德军在进攻长达数小时后仍未走出英军的布雷区。这真是一片死亡之海，隆美尔的干将、德军第 21 装甲师指挥官冯·俾斯麦将军被一颗地雷炸死了，非洲军指挥官奈宁将军亦受重伤。

如果此时的隆美尔能悬崖勒马的话，他还能为德军挽回一线生机，然而，这位对希特勒唯命是从的将军还是命令德军继续向东猛冲。一个必然的结果是，德军的坦克纵队在地雷场进展缓慢，而英军的地面部队和空军却以逸待劳，英军坦克已开到了指定位置，炮兵也作好了战斗准备。他们正期待着给隆美尔的德军以致命的打击，打破“沙漠之狐”不可战胜的神话。

因燃料所限，担心坦克在松软的洼地上行进耗油太多，隆美尔只得命令装甲部队向北作左包抄运动。这样，德军就与已等待他们多时的英军第22装甲旅撞了个正着。

英军第22装甲旅旅长罗伯茨准将对这场战斗作了生动的描述：

现在我能够通过望远镜看见敌人了。他们顺着那排直通我们阵地的电线杆上来了。敌人领头的坦克开了几炮，目标可能是我们的轻装甲连队，所以我命令轻装甲连队后撤，并且撤得离我们远一些，以免把我们的阵地给暴露了。

它们开上来了，排成令人难忘的阵势……注视它们是很吓人的，就像注视一条蜷缩起来准备咬人的蛇一样。我发现了一些不寻常的东西：有几辆领头的坦克是马克-4型坦克，这种坦克过去通常装有短炮管的75毫米炮，只用来实施近距离支援和发射杀伤爆破弹，在前线是通常不使用的。但是，这些马克-4型坦克却装有炮管很长的炮，一种很不寻常的炮。这肯定就是“情报人员”一直在谈论的长炮管的75毫米加强炮。

现在他们全都向左转弯了，面对着我们，开始慢慢地推进。我用无线电预先通知了各部队，在敌人的坦克进入1000米距离以前不允许射击，不要多久它们就会进入这个距离了。几秒钟后，敌人的坦克开火了，于是战斗打响了。

你一旦处于战斗中，你就很难判断时间。似乎只过了几分钟，敌人的所有“格伦特”式坦克几乎都开火了。德军新式75毫米炮的坦克给我们造成了很大伤亡。敌人的坦克停止前进了，德军也遭到了伤亡。但情况仍然严重，我们的防御阵地被打开了一个大缺口。我立即命令苏格兰龙骑兵第2团，要他们尽快离开他们的防御阵地来堵住这个缺口。这时，敌人的坦克又开始慢慢前进，已经开到了离步兵旅的反坦克炮很近的地方。当德军坦克进入几百米距离以内时，反坦克炮还保持沉默，接着突然开火，敌人遭到重大伤亡。但由于寡不敌众，一些反坦克炮被敌人碾烂了。

我请求炮兵紧急支援，炮兵立刻就向敌人坦克开炮。由于炮兵的威力，加上敌人已遭受伤亡，进攻被挡住了。但是苏格兰龙骑兵第2团现在在哪里呢？“快上来，龙骑兵，”我通过无线电喊道，“把你们的鞭子挥起来。”但没有任何回应。

这时一部分敌人已经开始向我们的左翼迂回，英军第5皇家坦克团已投入了战斗……

敌人又在中央开始慢慢前进。炮兵是我军用以阻止敌人前进的唯一兵器，于是所有大炮就对准敌人轰击，敌人又被挡住了。终于，龙骑兵第2团越过北面的山顶开来了。虽然他们实际上并没有离开战场多久，但我却觉得这段时间很长似的。当他们冲下小山时，我通过无线电把当前的情况告诉了他们。他们对那个需要堵住的缺口的重要性很清楚，径直冲向那里去了。

8月31日夜，迫于燃料短缺，隆美尔只好下令尽量避免使用坦克。这样，就给英军的全线反击提供了一个绝好的机会。皇家空军的飞机在照明弹的指引下，对完全暴露在英军面前的非洲军团进行了整整一个夜晚的狂轰滥炸。英军第13军的炮兵此刻也抖擞起精神，把炮弹准确地倾泻到德军混乱不堪的阵地之间。

第13军军长霍罗克斯将军弄清整个非洲军团都在这里被“包饺子”时，果断地要求蒙哥马利允许他使用后备队第23旅。蒙哥马利立即批准了他的要求。

9月1日晨，德军第15装甲师对哈勒法山脊进行了短时间的冲击，但很快又被英军给打回到原来的位置上。英军第8装甲旅在试图向西运动与第22和第23装甲旅集结时，与德军展开了遭遇战，但此时蒙哥马利已下令收兵，对装甲部队进行新的编组，因而，在损失了几辆坦克后，这个旅就迅速撤退了。

9月1日上午的交战以德方的伤亡惨重而告一段落。下午，蒙哥马利预计胜利在握，采取了主动行动。他命令第10军作好准备以追击敌人，他甚至下令动用所有的预备队向代巴推进。接着，他又下达了一个迷惑敌人的命令：让新西兰师朝南面进攻。

蒙哥马利此举的目的是要减少北面第30军的压力以便留足预备队。新西兰师的地段是其有条不紊地、从容地向南包抄敌军的必经之路。

可惜的是，蒙哥马利的这一包抄计划未能实现，隆美尔在8月31日夜间就发现，他只剩下一天的油耗了，因此，德军在9月2日就开始了第一阶段的撤退，并在3日加快了撤退速度。

9月3日，“关闭隆美尔部队的后门”的战斗由新西兰师和第44师的132旅来进行了。其中，还有第46皇家坦克团和第50皇家坦克团的两个坦克连参加。他们在夜间悄悄地开进了穆纳西卜洼地。

这场“截后路”的战斗打得并不理想。尽管新西兰师作战勇敢，在夜间取得了一些进展，但在第二天早晨，该师不得不向后撤退，因为第50皇家坦克团的那个坦克连迷失了方向，连长触雷身亡，全连遭到严重伤亡，损失了11辆坦克。第132旅也伤亡很大，他们的卡车驶得离德军过近，这些卡车被击中起火后，为德军炮兵提供了射击目标，这个旅仅在这一夜就伤亡了700人。

“关后门”一战失利，极大地动摇了蒙哥马利全歼非洲军团的信心。他拒绝了所有要求坦克发起攻击的请求，并禁止霍罗克斯将军继续追击敌人和占领希迈马特高地的要求。

“让隆美尔保留那里的观察哨吧，要不，德军怎么能看到英军准备下一个大战役时将要采取的各种欺骗措施呢？”

到9月7日，非洲军团已完全走出了陷阱，蒙哥马利清楚，英军第8集团军目前的战斗力尚不足以全歼隆美尔，他只得痛苦同时也很从容地下令：停止这次战役。

哈勒法山口之战是蒙哥马利赢得的第一个胜利，他相信，英军还会在以后的战役里，赢得更多的胜利。

六、阿拉曼战役的胜利

蒙哥马利的“欺骗”

1942年9月初，英国帝国总参谋长布鲁克获悉蒙哥马利在阿拉姆哈勒法山口打败隆美尔的消息后，便在日记里这样写道：“我的下一个麻烦问题，是不让温斯顿打扰蒙哥马利，并怂恿他在作好准备之前就发动进攻。”布鲁克正确地把握住了丘吉尔的脉搏，然而他并未能完全阻止住这种“打扰”。

9月初的伦敦城，浓雾弥漫，难得一见天高云淡、阳光明媚的日子；秋老虎肆虐，气温居高不下。首相丘吉尔显得格外烦躁和不安，他已是68岁高龄的老年人，自1940年5月接任首相以来已达28个月。对这位老年人来说，这28个月比28年还难熬啊。期间，英国遭到一连串的军事失利，英军从意大利手中夺得的沙漠地区已丧失殆尽，敌寇还在开罗城门前盘旋；香港、新加坡沦于日军之手，印度又在日军威胁之下，所有这些都是国人无法接受的。英国曾是世界头号资本主义强国，因其遍布世界的殖民地而素有“日不落帝国”之称。自第一次世界大战起英国就开始走下坡路，丘吉尔在英国迅速衰落的关键时刻就任首相，像一头倔强的老牛用两角死死抵住下滑的大车，可灾难像瀑布般倾泻到他的身上。丘吉尔更为苦恼的是：议会中有些议员策划对他的不信任投票，掌玺大臣斯塔福德·克里普斯爵士对战局形势不满并以辞职相威胁。战争形势仍然扑朔迷离，德军在苏德战场正向高加索迅猛推进，威胁着英国中东基地的安全。

丘吉尔渴望胜利，需要胜利鼓舞英国上下的士气，提高英国的国际地位，就像盼望秋风将伦敦的浓雾一扫而光一样。

哈勒法山口战役的胜利，使这位老人凄凉的心稍稍得到些安慰。来自美国的援助正源源不断地运抵中东，重整河山、再展雄风的伟大事业就得从中东开始。可是，亚历山大和蒙哥马利在哈勒法山口之战后建议推迟进攻，这使丘吉尔非常不快，又颇为为难。丘吉尔军人出身，深知自己身为首相兼国防大臣不能过多干预战场决策，但中东的优势已明显转到英军一方，明摆着这次该轮到英军发动进攻了。亚历山大和蒙哥马利为何迟疑不决呢？9月17日，他终于按捺不住了，发出了如下的电报：

> 首相致亚历山大将军：
>
> 我正在急切地等待着你来电说明你的意图。我原和你商定，在9月的第四个星期发动进攻。之后你曾声称，由于最近的那次战役——这次战役已使敌军受到很大削弱——重新集结兵力等工作需要多花一点时间。我并不想知道你的计划或准确的日期，但我必须知道定在哪一个星期，否则我就无法对整个战局做出必要的判断。

在开罗，亚历山大将军收到丘吉尔的电报后，心里明白性急的首相已经不耐烦了。尽管电文措辞较为含蓄，但“我原和你商定”、“敌军受到很大削弱”、“我必须知道定在哪一个星期”，这字里行间都流露出首相的责备和不满。该怎么答复呢？对了，去找蒙哥马利商议此事。

亚历山大驱车来到蒙哥马利的战地司令部，把丘吉尔的电报递给他。蒙哥马利看过后，瞟了眼亚历山大，慢条斯理地说道：“显然，首相还是抱着9月进攻的计划不放，这简直是发疯。”

“就我们部队的情况看，什么时候发动进攻为好？”

“这是明摆着的，如在9月进攻，我们各项准备来不及，攻了也要失败；如果延至10月，我保证可获全胜。”说到这里，蒙哥马利顿了顿，抬高了嗓门，“再说，我一来到第8集团军，就曾向全体官兵保证，在没有作好准备之前我不会发动进攻。军中无戏言，我不能言而无信。假如首相命令我9月行动，那就让他另请高明好了。”

亚历山大身子微微一抖，说道：“切莫意气用事，我同意并支持你的意见。我来找你，不是逼你按首相的意见办，而是商量怎样更好地答复首相，让他明白我们面临的实际困难。”

于是，两人深入交谈了前线的形势，商定了给丘吉尔的复电的内容，并在一连几封电报中谈了他们的意见：构成装甲部队主力的第10军是这次攻击的先锋，将在白天通过突破口向前推进，而该军要到10月1日才能领到全部武器和装备，然后还要训练近一个月才能担当起这个任务。“我认为，最初的突破进攻必须要在月圆的时候进行。这将是一场主要的作战行动，它要花费一些时间，并且，如果要使我军的装甲部队能有一整天的时间来解决战斗的话，就必须在敌人的战线上打开一个足够大的突破口。我的整个计划实际上是与月圆不可分的。我已仔细地考虑过如何使这次战役的发动时间与‘火炬’战役（即在北非西海岸的登陆作战）配合的问题，我得出的结论是我军发动进攻最好的日期是在‘火炬’战役发动前13天。”当时“火炬”战役定于11月4日发动，亚历山大和蒙哥马利开始为阿拉曼进攻选定的进攻日期是10月24日。亚历山大还将蒙哥马利要辞职的话如实电告丘吉尔。

9月23日，丘吉尔致电亚历山大，同意将进攻推迟到10月。“事情都托付给你了。只要能打胜这一仗，拖延些时日当然还是值得的。不论发生什么情况，我们都将做你的后盾，支持到底。”同时，丘吉尔提醒亚历山大要考虑敌人会利用时间加紧构筑防御工事，“你是否想过会遇到一条密布着爆破而成的岩洞、隐蔽的炮位和机枪阵地构成的纵深达45公里的防御工事，而不是一夕之间就可攻破的薄薄的一层防线？”看来，丘吉尔同意推迟进攻是比较勉强的。亚历山大一心一意支持蒙哥马利，蒙哥马利已给第8集团军带来新气象并在哈勒法山口赢得了胜利，千军易得，一将难觅，丘吉尔手边确实没有比蒙哥马利更合适的人选了。

对于坚持推迟进攻这件事，蒙哥马利写道：“哈勒法山口战役之后，我的身价提高了，此后就再也没有听到9月发动进攻的事了。”蒙哥马利后来向自己的前部下、《蒙哥马利》一书的作者罗纳德·卢因谈起这件往事时说道：“当然啦，这是一种讹诈。”

这的确是一种“讹诈”，但却恰到好处。蒙哥马利吸取了英军在北非屡遭失败的教训，坚持不打无把握之仗，他谨慎细致、沉稳如山，在制订和坚持作战计划方面深深地打上了自己的性格烙印。

丘吉尔是位雄才大略的首相，但这次催促进攻显然是不适当的。他渴望胜利，却不想将胜利之剑磨利。中国古代大军事家孙子说过：“不知军之不可以进而谓之进，不知军之不可以退而谓之退，是谓縻军。”意思是说，不了解军队不可以前进而硬让军队前进，不了解军队不可以后退而硬让军队后退，就叫做束缚军队，这是国君危害军事行动的三种情况之一。不过，丘吉尔毕竟是明智的，他最终同意了战区司令官们的意见，尽管有些勉强，因而没有造成实际的危害。

大战前的准备

经常有人责难蒙哥马利在阿拉曼打了一个“事先精心布置好”的仗，一个“第一次世界大战类型”的仗。的确，蒙哥马利从来都是谨慎小心的。他不肯图侥幸，在人员和装备方面尚未取得绝对优势之前，他不准备去碰隆美尔。他也不采用侧翼奇袭的方法，而要从正面全力进攻，进攻的每一个细节都事先经过了周密的计划。客观地说，蒙哥马利面对隆美尔这样的对手和阿拉曼的地形条件使得他不得不这样做。

哈勒法山口之战后，希特勒明白在阿拉曼该轮到英军发动进攻了，隆美尔会很快转入对付英军的进攻的准备中。1942年9月19日，接替病中的隆美尔的人到达，此人是格奥尔格·施登姆将军，他是一位坦克专家，个子高大，脾气温和。隆美尔向他详尽地介绍了情况，并把自己请求在蒙哥马利发起总攻之前调拨增援部队和给养的信件给施登姆过目。9月23日，隆美尔在动身返回德国治病前，还把有关在阿拉曼防线上必须继续加紧工作的最强硬的命令交给了施登姆。隆美尔估计蒙哥马利对战线无法进行侧翼包围，很可能实行正面进攻，便设计了十分全面的防御系统。德意步兵以营为单位混合编组，以增强意军的斗志；德第 15 装甲师和意里托里奥师部署在战线的北段，德第 90 轻型装甲师部署在后面的海岸附近，德第 21 装甲师和意里雅斯特装甲师部署在战线的南端。隆美尔别出心裁的发明是设置了一条漫长宽阔的地雷带，大多数地雷的威力都足以炸毁坦克的履带或摧毁一辆汽车，而其中 3%的地雷具有多种毁灭性的杀伤力，或通过电线引爆，或是一触即响，无数的钢球或碎片会飞溅到四面八方。隆美尔在哈勒法山口战役之后立即督促部队加紧埋设地雷，到蒙哥马利发起进攻前，隆美尔的防线上共有 44.5 万颗地雷。隆美尔的计划是让英军的进攻陷入他的布雷区，布雷区由步兵负责掩护，炮兵积极打击英军的排雷部队和装甲部队，待英军进攻陷入布雷区陷阱后，配置在稍后地域的德意装甲部队再发起反攻。“一旦战斗开始，”他向施登姆保证说，“我将放弃治疗，返回非洲。”

蒙哥马利一直精心思考着自己的进攻计划，他召开多次会议，详细研究和制订了计划的各种细节，但计划的基本方针又是简单明了的。大体说来，蒙哥马利要进行的进攻分为四个阶段：一是参战部队的编组、集结及骗敌措施；二是大量集中各兵种部队，在空军配合下在敌战线上打开缺口，然后向纵深发展进攻；三是千方百计分散敌人的兵力和注意力，使其不能对英军的突破口进行有效的堵塞和反攻，并大量消耗敌预备队；四是实行最后突破以瓦解敌最后的防线，装甲部队沿开辟好的道路源源不断地向前推进。

蒙哥马利的骗敌计划是在 8 月和 9 月间设计和制订的，它是沙漠战中迄今为止最精巧的欺骗计划，欺骗计划的代号为“伯特伦”，首先是伪装前沿地区巨大的弹药库和其他作战物资堆集所，其次是用假车辆假扮坦克和其他车辆，使敌人对大量部队在作战地域的集结渐渐习以为常，夜间则用突击部队的真作战车辆把已经“在位”的假车辆换下来。进攻前一个月便为步兵挖好了细长的战壕，供他们在发起进攻的当天昼间躺卧用，这些战壕均伪装得像是地形的一部分一样。同时为了使敌人误认为主要进攻方向在战线的南端，还在那里铺设了假水泵站、假供水点和假蓄水池，施工的日进程表表明水管到 11 月初才能竣工。为了把伪装搞得天衣无缝，蒙哥马利只向下层军官传达将要发生什么事，而且是在 9 月 28 日至 10 月 21 日按军衔高低分批传达的，所有这一切都是为了使敌人摸不清进攻的时间和主要突进方向，以达成战役突然性。“兵者，诡道也。”“故能而示之不能，用而示之不用，近而示之远，远而示之近。”总之，兵以诈立，千方百计地欺骗敌人，使其在心理上产生错觉、部署上出现错误，往往会使自己掌握作战的主动权。达成战役突然性并不是件容易的事，蒙哥马利在前线指挥所里，在赴部队视察时都在苦苦思索。他所面对的隆美尔的防线，从地中海岸起向内陆延伸约 70 公里到无法通过的卡塔腊盆地的边缘，防线横亘在广阔无垠的大沙漠上，没有山林遮挡，只是偶尔有些沙丘和沙岭；上有德意空军的侦察机经常盘旋侦察，下有德意军队的地面侦察分队的频繁活动，还有隐蔽在敌防线背后的无线电侦听分队昼夜不停的监听活动。要使敌人上当并不是一件容易的事，可是，蒙哥马利通过一系列精心部署的诈敌活动，使德意部队上了当，这是他独具匠心、精心运筹的结果。

蒙哥马利尽一切可能同时解决了训练和重新编组这两个棘手问题。未经严格训练的士兵与未经加工的原材料性质相同，蒙哥马利认为，英军在北非沙漠地屡遭挫折的重要原因之一是缺乏严格的训练，任何灵巧的现代化武器系统都不能代替受过训练、富有经验和作战勇敢的士兵，只有严格训练才能锻炼出一支有战斗力的指挥起来得心应手的部队。9 月 29 日，第 44 师在对敌军的一次袭击中遭到重大损失，其中有两个旅由于损失较大而被解散。第 44 师受损失的主要原因是缺乏经验和忽视沙漠战的特点，侦察搞得很差；没有获得敌人阵地的准确情报，大量支援炮火都浪费了；部队甚至还没有掌握如何在夜间通过没有地形特征的地区迎敌的技能。蒙哥马利得知第 44 师受损失的原因后，立即督促整个第 8 集团军抓紧军事训练，没有充分的技术训练、心理训练和体质训练，不得将部队随便投入战斗。

为了通过隆美尔布设的地雷区，蒙哥马利的训练大纲中最重要的训练项目是扫雷分队的训练，该训练由第 8 集团军工程兵指挥官基希准将全权负责。基希搜集了资深的军官们对扫雷的看法，然后把这些看法告诉了具体负责扫雷分队训练的穆尔少校并指示说："我认为我们应当多进行一些扫雷训练，正像我们进行火炮的装弹和射击训练一样。去吧，一星期后再带着你的建议来找我。当你制定出了你的训练方法，并由我批准后，你就可以成立第 8 集团军扫雷学校了。"在穆尔领导下，这个扫雷速成学校成立了，并制定出了一套训练方法，在进攻发起前共训练出了 56 组扫雷人员。

■ 第 8 集团军的工程兵在扫雷

基希还制造了一些机械工具以帮助地雷工兵执行危险的扫雷任务。他把 20 多辆"马蒂尔达"坦克改装成了扫雷装置，这种扫雷装置在向前运动时能够用它的旋转轴的旋转链条鞭打前面的土地。由于它鞭打土地时掀起滚滚沙尘，从而使机器过热，因而在阿拉曼之战中没有发挥太大作用，不过这是在野战条件下对一种有价值的扫雷装置的试验。后来，这种扫雷装置在英国作了进一步的改进，在1944年诺曼底登陆战役中发挥了重大作用。在阿拉曼战役中，用处较大的是发给3个军的500多个地雷探测器，这种地雷探测器探测速度快且安全。为了在布雷区开辟通道，地雷工兵还准备了长达200多公里的标示带和8万多盏灯。

蒙哥马利的第8集团军除辖第13军和30军外，又组建了第10军。托布鲁克陷落后罗斯福慷慨提供的300辆“谢尔曼”式坦克9月终于运抵尼罗河三角洲，全部拨给第10军的第1和第10装甲师。这两个装甲师为熟练掌握新装备的性能进行了大量的更为艰苦的训练。

蒙哥马利的进攻计划代号为“捷足”。该计划是他到北非后一直苦苦思索的结果，体现了他的创新和战术特点。迄今为止，敌对双方都是在靠内陆一侧举行侧翼进攻，蒙哥马利则向部下们宣称：“我不打算在我的左翼进攻，也不准备在右翼进攻，而要在中央偏右处突破。”起初他准备动用大批坦克与隆美尔的坦克进行大会战。到了10月6日，他放弃了这一打算，提出了一个完全不同的战术原则。他说：“过去一般公认的原则是，现代战役应当首先着眼于消灭敌人的装甲部队，一旦这个任务完成了，敌人的非装甲部队就很容易对付。我决定把这个原则颠倒过来，先消灭他的非装甲部队，在这样做的时候，我暂不打他的装甲师，留待以后再收拾它们。”他的具体做法是：以一个坦克屏护队向前推进到敌地雷场附近，以坦克、炮兵火力掩护扫雷工兵和步兵部队排除地雷，然后消灭坚守在地雷场后面的敌步兵。蒙哥马利认为隆美尔不会坐视其步兵被消灭，会动用其分散配置的坦克部队进行孤注一掷的反突击，那时消灭隆美尔的装甲部队的战机就到来了。蒙哥马利精心运筹的这一招在后来的战役过程中果然应验了。

从10月中旬起，蒙哥马利多次召集高级军官会议，统一作战思想。他计划分三路发起进攻，从右翼实施主要突击，由第30军担任主攻任务，首先突破德意军部署有4个师的北段防线，打通通往腰子岭和米泰里亚岭的两条沙漠走廊，保障集团军预备队第10军的两个装甲师顺利投入战斗。第13军则配置在南翼并发动佯攻，其主要任务是诱使德意部队相信，英军主攻方向在南翼，使敌在南翼保留更多的主力部队。

德意部队在阿拉曼防线共部署了7个步兵师、1个伞兵师、1个摩托化师和4个装甲师，共有火炮1400门，坦克540辆，飞机700架，总兵力9.3万人。英军在阿拉曼地区由北至南布置了第8集团军所属的3个军，共6个步兵师、4个装甲师，计有坦克1300辆，火炮2.18万门，飞机1500架，总兵力19.5万人。上面所列举的装备数字不包括储存的数字，这方面优势也在英军一方。例如在基地的修理和仓库里，英军还有1000多辆可供使用的坦克。从师的数目看，德意部队与英军是13∶10，但实际上德意部队的兵员远不足额。以德第15装甲师为例，原有战斗员9178人，现在仅有3294人。9.3万人的德意部队中，只有4.6万是德军，其中因疾病1万余士兵丧失了战斗力，可以作战的德军仅有2.9万人。因此，在人力物力上蒙哥马利都比他的对手强大，平均占有2∶1的优势。另外，他还拥有短而不中断的交通线这一巨大优势条件。

在伦敦的唐宁街十号首相官邸里，丘吉尔正如饥似渴地等待着进攻之日的到来。1942年10月20日，丘吉尔致电亚历山大说："我们将所有的希望都寄托在你和蒙哥马利即将进行的战役上。这场战役很可能对未来有重大影响，请代我向蒙哥马利致以热烈的问候。当你开始进攻的时候，请用'齐普'两字通知我。""齐普"是丘吉尔与中东英军约定的表示阿拉曼进攻战役开始的暗语。

蒙哥马利最后选定10月23日晚发起进攻，那是一个月圆之夜。战役前夕，蒙哥马利向第8集团军发表了一份私人文告，使士气高涨的集团军官兵更加信心倍增。10月23日上午，蒙哥马利举行了一个记者招待会，下午进入集团军作战指挥所，晚上读了一会儿书，很早就睡了。此时在集团军及所属各军的指挥所和沙漠空军科宁汉的指挥所里，大部分人都毫无睡意，沉浸在紧张和兴奋之中，等待着进攻时刻的到来。

"捷足"实施

1942年10月22日夜，第8集团军的进攻部队进入了集结地域。23日一整天，他们都躺在战壕里。由于英国沙漠空军掌握了战区的绝对制空权，德意空军无法进行有效的空中侦察，没有发现英军的大规模集结和悄悄挺进。

时间一分一秒地过去了，太阳终于落山了，一队队的士兵悄悄爬出战壕，借着月光向敌军的布雷区慢慢推进。坦克撤去了伪装，大炮缓缓地昂起了粗壮的炮管，一切都在有条不紊地进行着。

10 月 23 日晚 9 时 40 分，代号为“捷足”的进攻终于开始了，1000 多门大炮开始了自第一次世界大战以来最为猛烈的炮击。在第 30 军正面上射向敌炮兵阵地的炮火尤为猛烈，当时指挥印度第 4 师的弗朗西斯 · 图克少将曾经描述了这次令人难忘的炮击。当时印度第 4 师部署在主战线下方的鲁韦萨特山脊。

> 从鲁韦萨特山脊下沉寂的沙漠地带传来的火炮声是从未听见过的。至少我们没有听见过，我们师的大炮也从未发出过那样的声音。在北面和南面的大片天空，电光闪闪，非常明亮，就像许多巨人在跳库塔克战舞一样，在月光下把明晃晃的剑举在头上旋转，而那声音，在我们四周，在我们头上颤动着。我曾经经历过许多次炮击——我们自己的炮击和敌人的炮击，但我从来没有听到过如此柔和的炮声。当我说那声音在颤动的时候，我的意思是，那声音就像一千只飞蛾在展翅飞翔一样。

炮火持续了 15 分钟，是用来压制敌炮兵阵地的，英第 30 军的 408 门重炮和 48 门中型炮同德意部队的 200 门野战炮、40 门中型炮和 14 门重炮交战，英军每发射 10 颗至 22 颗炮弹，德意炮兵才回击一颗。在南面，英第 13 军的炮火强度要小一些，于 21 时 35 分开始，21 时 55 分停止。敌方的炮兵完全被压制住了，当英军的炮火铺天盖地而来时，德非洲装甲集团军代理司令施登姆尚在自己的指挥所里鼾睡，晴天霹雳般的炮声将他惊醒。当他弄清这是英军大规模进攻开始了时，却奇怪地命令：为节省炮弹，要有节制地还击。后来在 10 月 24 日晨，这位可怜的德军将领驱车前往前沿阵地途中，澳大利亚师的士兵向他的车开了枪，打死了他的同伴。于是司机掉转车头，企图逃脱射击，并在施登姆还挂在汽车外面时就全速疾驰。这时施登姆的心脏病发作了，从汽车上摔了下去死了，司机当时却未发觉。

话说第一次炮击后，整个战线沉寂了5分钟。英军炮手们校正了射击距离，目标指向了敌前哨步兵阵地。22时整，又是一阵万炮齐轰，打得德意步兵血肉横飞。零时，英第30军和第13军在炮火和空军掩护下，借助天空中的探照灯光和轻高射炮对固定战线发射的曳光弹，开始发起进攻。

在伦敦，性急的丘吉尔首相终于等来了亚历山大将军发来的密码“齐普”，丘吉尔立即电告美国总统罗斯福。

> 前海军军人致罗斯福总统：
>
> 埃及战役于伦敦时间今晚8时开始，整个集团军都将投入此次战役，我将随时向你报告情况。在埃及打一次胜仗对我们的主要事业将极为有利。你在托布鲁克那个黑暗的早晨给我的这些“谢尔曼”式坦克和自行火炮，均将在这次战役中大显身手。

在阿拉曼，蒙哥马利在告全军官兵书中这样写着：“即将开始的战役将是历史上的决定性战役之一，它将是战争的转折点。全世界的目光都将朝着我们，焦急地注视着战役的进展。”

第30军所辖的澳大利亚第9师、南非第1师、第51高地师和新西兰师共4个步兵师在一个15公里宽的正面发动了进攻。蒙哥马利之所以选择北面为主攻方向，是因为在北面突破可以威胁海滨公路和敌军的后勤补给线，并置处在阿拉曼防线南端的敌军于危险境地。在第30军的面前有三个主要目标，第一个目标叫做“酢浆草”，它沿米泰里亚山脊的西斜面延伸，然后向西北转向腰子岭的边缘（德军把腰子岭叫做28号高地），接着转向正北。其次是“皮尔森”地带，该地带从腰子岭的西端向东南延伸，于拂晓时由3个装甲旅占领。最后是叫“小气鬼”的地带，它在“皮尔森”目标地带的正面，大致是从拉赫曼车站到泰勒阿卡基尔以南的一个区域，也由装甲部队夺占。在北面，澳大利亚第9师夺占了“酢浆草”地带，新西兰师夺取了米泰里亚山脊。

步兵师发起进攻后，起初一切都很顺利。猛烈的地面炮兵和航空火力使德意部队的步兵损失惨重，通信联络遭到严重破坏。又因为施登姆将军在英军炮击时不允许德军炮兵进行大规模还击，英军步兵得以以排山倒海之势轻而易举地压过前沿阵地向纵深推进。蒙哥马利的战术此时颇为奏效：开始时由步兵师负责清除地雷，随后装甲师必须保障自己通道的安全；装甲师和炮兵先以火力掩护步兵排雷，尔后在炮兵和步兵掩护下开辟通道；英沙漠空军则不停顿地对敌军的前沿和纵深进行猛烈轰炸和袭击。这样在空军的空中屏障、地面炮兵的火力屏障掩护下，装甲兵和步兵交替掩护、滚动前进。

但是，英军的进攻很快遭到阻遏。夜深后，敌军的抵抗加强了，逐渐增强的炮火向正在地雷区摸索前进的英军士兵、车辆和装甲车射击。除地雷场外，其他随处布设的地雷迟滞着英军的行动。沙漠中没有明显的地貌特征，烟尘滚滚不时将皓月掩蔽，坚守在防线后面的德意步兵经常给英军突然而猛烈的杀伤。

10月24日晨，蒙哥马利了解到：第30军在夜间进攻中没有完全实现作战意图。装甲部队没有到达“皮尔森”目标地带，甚至连“酢浆草”目标地带也没有超出。从南面第13军收到的消息也不怎么乐观。由第44师第131旅支援的第7装甲师本来应像北面的第30军那样于23日22时开始进攻，突破地雷场后建立一个桥头堡，以便进一步向西扩大战果，但激战一夜所获得的战果仅仅是拥塞在“一月”地雷场的两侧，而“二月”地雷场尚未突破。

蒙哥马利仍寄希望于在敌地雷场上开辟通道成功，他发布的主要命令是：一、彻底打通北部走廊；二、新西兰师从“酢浆草”目标地带和米泰里亚山脊向南扩大战果。这一天，第51高地师和第1装甲师不顾坦克遭受重大损失，奋力作战以肃清北部走廊的德军，到傍晚该装甲师已进抵腰子岭之前，随之遭到德第15装甲师的反击。这一天，英沙漠空军大约出动了1000架次，主要用于直接支援第8集团军。尽管德第15装甲师和意大利装甲师遭到英轰炸机的轮番轰炸，而英军战线有空中保护伞的保护，但英军一直未能在德军的地雷带和防线上打通通道，战局进展很不顺利。

10月25日，发生了蒙哥马利称之为“战役中的真正危机”的事件。蒙哥马利坚持无论付出多大的代价都必须彻底打通通道，而装甲师的指挥官们却不愿付出太大的代价。蒙哥马利的权威和贯彻计划到底的意志受到自己部下的挑战，这就是他所说的“真正危机”。

事情的经过是这样的：10月24日夜，第10军第10装甲师向前推进的准备工作已在进行。第10装甲师的态势是：第24装甲旅在右，第8装甲旅在左，其左翼则由仅剩下两个坦克团的第9装甲旅掩护。新西兰师师长弗赖伯格告诉第30军军长利斯说，他认为第10装甲师尚未作好进攻准备，因为第10装甲师的指挥部远远落在后面。利斯打电话给第10军军长拉姆斯登，得到的结果是拉姆斯登对这次作战的成功信心不足。除了这些情况外，事实上开战以来进攻很不顺利，进展远远落在计划之后。米泰里亚山脊上的地雷场的纵深和埋设的地雷都远远超出事先的估计，排雷工作进展迟缓，部队进进停停。敌人的炮火猛烈轰击正在开辟通道的英军，敌空军还袭击了第8装甲旅的通道口，许多装甲车辆起火燃烧，在夜空中格外引人注目，引来德意部队更多的炸弹和炮弹。这时又来了一个错误的报告，说敌军正向第24装甲旅的正面发动进攻，于是英第10装甲师陷入一片混乱恐慌之中。为避免引起更大损失，一些装甲旅暂停进攻。大约午夜时分，第8装甲旅旅长卡斯坦斯向第10装甲师师长盖特豪斯建议说，他的进攻应当取消。盖特毫斯认为，黎明前他的装甲师不可能取得突破，便向第10军军长拉姆斯登描述了前线的糟糕情况，说得一片黑暗。拉姆斯登同意了盖特豪斯关于停止进攻的请求并上报第8集团军参谋长德·甘冈。当时蒙哥马利正在熟睡，而他在熟睡中不准别人将他叫醒。蒙哥马利的信条是：“明智的指挥官应当只看很少的文件和书信，他不应为了处理他的军队的事务而熬夜；在晚上，他应当吃完晚饭后就回他的帐篷车，以便有时间静心考虑和反省问题，保持头脑清醒是十分重要的。”德·甘冈接到拉姆斯登的报告后，认为危机就在眼前，但他克制住自己没有叫醒蒙哥马利，而是通知两位军长利斯和拉姆斯登于25日凌晨3时30分来和蒙哥马利面议。然后他叫醒了蒙哥马利，把开会的事告诉了他。关于这件事，蒙哥马利写到：

> 德·甘冈决定让两位军长前来以便控制局势，这对我来说是必要的；他发出了凌晨3时30分在我的作战指挥部召开会议的指令，然后过来把我叫醒并告诉了我他所做过的事情，我同意了。利斯和拉姆斯登准时到达后我让他们汇报形势……我发现第10装甲师——装甲集群之一——已处在突破的关口，且极有希望在黎明前取得突破。而该师师长却要从地雷场全部撤出来并放弃他已取得的有利地位，其理由是该师在通道口的情况不妙，很可能遭受重大伤亡。拉姆斯登同意了第10装甲师师长的意见，并请我与该师长通电话。我立刻要通电话，且吃惊地发现第10装甲师师长竟落在先头装甲旅后面约15公里。我以不容置疑的语调命令他立刻赶到前面指挥战斗。

蒙哥马利告诉利斯和拉姆斯登，不得改变计划，必须严格执行他的命令。他把拉姆斯登留下来，坦白地对他说，如果他或第10装甲师师长盖特豪斯不赞成继续推进，他将找别人来代替他们。

蒙哥马利的传记作者罗纳德·卢因认为：蒙哥马利的决定是完全正确的。“这是阿拉曼战役的一个转折点，也是第二次世界大战期间英国陆军的一个转折点。不管怎样，‘骑兵精神’在那天晚上消亡了，‘沙漠战老手们’不得不忍气吞声地挨训。从此以后，他们的坦克不可能再担负独立的任务，而只能在诸兵种协同作战中担负一部分任务了。蒙哥马利开始实行德国人早就实行的做法，使装甲部队成为陆军的一个组成部分。”蒙哥马利下达完命令后，第10装甲师战线上的形势很快就暂时改善了，因为在拂晓时第24装甲旅的两个团已经扫清了地雷场，而第3个团则留在后面作预备队。当盖特豪斯把拉姆斯登开会后下达的命令传达给第8装甲旅时，该旅已有两个团越过山脊了，第3个团也正在沿着走廊跟上来。但在7点钟的时候，所有打出去的3个团又退回到山脊下掩蔽起来，在他们左边的第9装甲旅和新西兰师的装甲部队则处境艰难，停留在开阔地带上离敌坦克和大炮约1000米远的地方。

25日中午前，中东总司令亚历山大将军视察了前线后与蒙哥马利面谈，他们都对战局的进展表示谨慎的乐观。北面的第30军已在一个11公里宽的正面上成功楔入德国非洲装甲集团军最坚固的防线达10公里；各装甲师依计划继续进行突破，打算凭借有利的地形和陆空军的巨大火力优势挫败敌人的反击。南面的第13军虽进展不大，却把德第21装甲师和一个意大利装甲师死死拖住了。亚历山大视察后得出的结论是：残酷的战斗尚在后头。他写着：

> 显然敌人打算继续坚守前沿阵地，血腥战斗将持续一个相当长的时期，因此一周之内不大可能对战局的发展做出可靠的评估。战役第一阶段——楔入——已开始并依计划进行……第二阶段——装甲部队辟开地雷场的西半部——并不像预期的那样顺利。

换言之，尽管英第8集团军已楔入敌军地雷场，但战局进展缓慢，形势依然不明朗。伦敦帝国总参谋长布鲁克亦忧心忡忡。他既关心阿拉曼战役的结果，更关心该战役所产生的战略作用。10月25日，布鲁克忍受着巨大的心理压力写信给蒙哥马利撑腰打气：“初战胜利已实现了……你正在致力于你一生中最伟大的事业，我相信你会成功。”

这天中午蒙哥马利接待完亚历山大的视察后，又一次在新西兰师司令部召集两个军长开会。会后他就开始进行那种“一会儿突击这里，一会儿突击那里”的战斗了。他已经得出结论：新西兰师进一步向南推进将付出很大的代价，因此他把进攻矛头转向北面，命令澳大利亚第9师发动猛烈进攻。在10月25日至26日黎明前，澳大利亚第9师进行了一次干净利落的进攻，由突出地带向北朝海边方向攻击，更加逼近了海滨公路。但第51高地师和装甲师的进攻没有取得重大进展，在腰子岭不断遭到德第15装甲师和意里雅斯特装甲师的猛烈反击，损失惨重，锐势大减。

在23日至26日拂晓这段时间里，新西兰师大约伤亡和失踪了

1000人，南非师600人，澳大利亚师1000人，高地师2000人。整个集团军伤亡失踪总数为6140人，被击毁的坦克300辆。步兵在第8集团军中只占很小的比例，战斗中伤亡的大部分是步兵，蒙哥马利已没有步兵预备队可以调用。他现在必须面对的事实是：尽管损失了大量人员和武器，却远远没有实现预定在24日要实现的目标。

通过“超级机密”，蒙哥马利知道，隆美尔已回到了阿拉曼，重新掌握对德意部队的指挥权。

迟归的隆美尔

10月23日英军在阿拉曼发动大规模进攻时，隆美尔正在奥地利自己的山庄里养病，和妻子露西在一起，远离为争夺斯大林格勒而逐街拼杀的军队，远离惨遭轰炸的鲁尔城，远离埃及。他悠闲懒散，徘徊遐想，仅只读一点统计报告，诸如有关美国的军事力量以及施登姆将军从阿拉曼送来的信件。施登姆在一封信件中发誓说：“由于某些政治原因，英国兵注定要发动进攻，除此之外别无选择。但他们不要高兴得太早了，我们将把他们打得一败涂地。”

10月24日下午3时，隆美尔山庄里的电话铃急促地响了起来。隆美尔的副官伯尔恩德从意大利首都罗马打来电话：“蒙哥马利昨夜开始进攻了！施登姆将军已经失踪，不知去向。”刚放下电话，德国国防军最高统帅部又来了电话，话筒里传来希特勒嘶哑的声音：“隆美尔，非洲的消息很不妙，施登姆将军下落不明。”

隆美尔回复：“请允许我立即飞往阿拉曼。”

“你的身体恢复得怎么样？支撑得住吗？”

“完全可以。”

“好吧，你先到维也纳新城的机场待命。我要等进一步的消息，看他们是否迫切需要你。”

隆美尔与妻子露西依依吻别，立即乘车赶往机场。他在机场整整等了一夜。事实上，希特勒正犹豫不决：与其在隆美尔身体未痊愈之前过早地将其匆匆派回非洲，不如留住他，日后用于苏德战场。可是来自非洲的消息越来越不妙，希特勒终于决定让隆美尔立刻飞返非洲。

10月25日清晨，隆美尔终于接到希特勒打来的电话。希特勒命令他立刻赶回前线，重握指挥权。清晨7时50分，亨克尔飞机载着隆美尔起飞了。10时飞抵意大利首都罗马。下午2时45分飞抵克里特岛的海拉克利恩机场。德空军第10军指挥官冯·瓦尔道将军在跑道上等候着他。瓦尔道脸色阴郁，将阿拉曼战线的最新报告呈交给陆军元帅。报告中说战线的北部和南部同时遭到英军坦克的猛烈攻击，施登姆将军死于心脏病突发。

隆美尔转身正准备登机，瓦尔道将军上前阻止道："我不允许您大白天乘坐亨克尔飞机，这会招来麻烦的。"隆美尔换乘一架漂亮的高速的多尼尔新式轰炸机，马上飞往埃及去了。5时30分，多尼尔轰炸机在飞沙走石的卡沙巴机场着陆。隆美尔换上他的小型斯托奇飞机继续向东飞行，天黑时又改乘汽车沿海滨公路向东狂奔。此刻，前方的地平线被炮火映得通红，隆美尔终于赶回装甲集团军司令部。当日夜间11时25分，他向全体官兵发出告示："我再次担任全军总指挥——我是隆美尔。"

代替施登姆暂时指挥装甲集团军的冯·托马将军干瘪瘦削，受着战斗的煎熬，看上去俗不可耐、令人作呕。他向隆美尔报告了战况：

"陆军元帅，我们的阵地已遭到严重破坏，敌人的炮兵占有绝对优势，已摧毁了我们的'魔鬼的乐园'（德军地雷场）。我们阻止住了敌人，但无力把他们逐出地雷场。敌炮兵和空军的不断轰击使我军伤亡惨重。第15装甲师一直在防线的北面抵抗敌人，那里的战斗最为激烈。该师已损失了2/3的坦克，仅剩下40辆还能使用。"

听了托马令人沮丧的报告，隆美尔紧皱着眉头，摸了摸下巴，问道："敌人的主攻方向在哪里？"

"从这几天的战况看，敌进攻的重点显然在北面。蒙哥马利想以步兵为突击队，在浓烈的烟幕掩护下从地雷区杀开一条血路，以便坦克突破防线。我军的28号高地正挡在敌人开辟的通道上，是很好的炮兵观察所，但现在已落入敌军手中。"托马赶紧回答说。

德军习惯把腰子岭叫做“28号高地”。

隆美尔把拳头猛地砸在作战地图上，斩钉截铁地吼道：“我们必须采取措施，把28号高地夺回来！”

他仅睡了几个小时，便于10月26时凌晨匆忙赶往前沿阵地，用望远镜观察英军的调动和部署，清楚地看到英军正在28号高地挖筑野战工事。接着他又驱车到防线的南部。视察完整个防线后，隆美尔确信托马将军的判断是正确的，蒙哥马利的主攻方向就在北部。这天下午，他把预备队从防线的南部调集过来，包括骁勇悍战的德第21装甲师和炮兵主力部队，并让凯塞林派空军轰炸英军开辟的通道。这是一场孤注一掷的大赌博，如果他判断失误，部队就再也调不回去，因为装甲部队的汽油已经燃尽。结果证明他是对的，这决定了以后几日的战役进程。

由于英军破译了德意方面的无线电密码，匆忙赶往北非的装载着3000吨燃油的意大利“普洛塞比娜”号油轮，于26日在海上被击沉。另外，装载着1000吨燃油和1000吨弹药的“特格斯蒂”号补给舰又被击沉于托布鲁克港口外。消息传来，隆美尔像当头挨了一棒。晚上，隆美尔写道：“我向元首报告说，除非供应情况立即得到改善，否则这场战役就要输掉。而根据以往的经验判断，供应情况几乎没有希望得到改善。”

26日这一天，“我花了一整天时间来周密地考虑形势”，蒙哥马利在《阿拉曼到桑布尔河》一书中承认。他的头脑清醒多了，中午他发布了第一组命令：令第51高地师继续在第一目标地带内扫荡；澳大利亚第9师准备于28日夜间向北作第二次进攻；在此期间，第30军除帮助第1装甲师推进到腰子岭外，不再承担任何重大作战任务；南部第13军的步兵部队调往北部参加主攻，其第7装甲师则继续休整。蒙哥马利想加强在北部的主攻，并希望通过重新部署部队以建立一支强大的预备队，实施最后的突破。双方都向阿拉曼战线的北部集中兵力，这就导致了未来两天的大血战。

27日，德意部队共进行了5次反击，其中最大规模的一次是下午3点进行的。隆美尔集中了第15和第21装甲师和两个意大利师一部对腰子岭一线实施反击，并以德第90轻型装甲师对付澳大利亚师。隆美尔亲自督战。新西兰师第 2 步兵旅英勇作战，坚决击退了隆美尔的反击。在根本无法隐蔽的地段上，德进攻部队遭到英空军的无情轰炸。第二天隆美尔写信给妻子露西说：“敌人具有可怕的人力物力优势，而我们的人力物力则非常薄弱。我能否在失败中幸免于难，决定于上帝的旨意。失败者的命运是悲惨的。”新西兰师第 2 步兵旅也伤亡惨重，特纳上校身负重伤，他们于当天晚上带着仅剩下的一门大炮撤出战斗。不过，他们在英勇战斗中击毁了德军坦克 22 辆、意军坦克 10 辆。英国官方史书称该旅“使敌人在重要地点上遭到决定性的失败”，特纳上校被授予维多利亚十字勋章。

隆美尔整整一夜无法入睡，白天督战时从望远镜里见到的景象，犹如噩梦一般折腾着他。10 月 28 日一大早，他便写信给妻子：“亲爱的露西，我是否还能在安宁之中给你写信，只有天知道了。今天还有这样一个机会，战斗打得正紧……我深信我已尽了最大的努力，去争取胜利。我并不怜惜自己，倘若我回不去，我将从内心深处为你的安全和我们的幸福向你和我们的孩子致谢。在这短短的几个星期里，我深深体会你们两个对我意味着什么，我在最后的一刻将会念及你们。我死后切勿悲伤，要为我感到自豪。几年以后曼弗雷德长大成人，愿他永远保持我们家的光荣。”8 时 50 分，他向指挥官们发布命令：今天发起的反击是生死攸关的一战，必须绝对服从命令，每个人必须战斗到底，“凡临阵脱逃或违抗命令者，无论其职务高低，一律军法论处”。

下午，背着落日余晖，隆美尔集中兵力发动了另一次猛烈反击。进攻一开始就极不顺利，英国空军以摧枯拉朽之势，再度投入战斗，德意空军已无法为自己的地面部队提供空中支援。在两个多小时内，英轰炸机就在德军一个 5 公里长 3 公里宽的集结地域投下 80 吨炸弹，德意部队的坦克被炸瘫，大炮燃起狼烟，步兵队伍七零八落，很难发起一次像样的进攻了。进攻就这样被粉碎了。

28 日，蒙哥马利悄悄调整部署。英军在腰子岭转入防御；第 10 军第 1 装甲师撤出战线重新编组；新西兰师充实几个步兵旅和第 9 装甲旅继续沿海岸方向进攻；将第 7 装甲师调往北部作为预备队。这样，蒙哥马利就从火线上撤出了几个师以便用于将来的大举进攻。

消息很快传到开罗和伦敦。29日上午，丘吉尔首相召见帝国总参谋长布鲁克，劈头问道："我的蒙哥马利在干什么呀，是不是让战斗停下？近三天来，他什么事也没有干成，现在却要从前线撤走部队。如果他打算使一个战役半途而废的话，为什么还要告诉我们，他能在7天内突破敌人的防线呢？难道我们就不能找到一位合适的将军赢得这个战役？"

丘吉尔说起来便滔滔不绝，布鲁克好不容易插话问道："您何以得出这样的结论？"结果又引起丘吉尔一连串的责难。丘吉尔还决定召开参谋长委员会会议商讨此事。

12时30分参谋长委员会会议正式举行。会上丘吉尔及其他内阁成员就阿拉曼战役的一连串问题质问布鲁克。他们对战役的进展甚为不满，认为蒙哥马利在迟延误事。布鲁克不得不一再为蒙哥马利辩护，后又得到几位将军的大力支持，丘吉尔终于相信，战役已取得相当成功，因为英军已楔入敌防御纵深；多次挫败了隆美尔的反击；撤出部队仅仅是为下一阶段的进攻建立新的预备队。当日丘吉尔向亚历山大发出了一封鼓励电，电文中说："你和蒙哥马利将军坚决地、成功地发动了目前这次决战，战时内阁国防委员会特此向你们致贺。国防委员们认为，总的局势已经证明，不顾一切危险和牺牲来进行这次残酷的战斗是完全正确的。我们向你保证，我们将不惜一切代价全力支持你为彻底击溃隆美尔部队和战斗到底所采取的一切行动。"布鲁克在顶住了对蒙哥马利的一次"信任危机"后却感到精疲力竭，他这样写着："返回我的办公室后，我在房间里踱来踱去，被一种绝望的孤独感折磨着。"

29日上午，在阿拉曼前线英第8集团军作战指挥所里，蒙哥马利不得不就他的新作战计划向从开罗赶来的亚历山大及其参谋长麦克里尼少将作解释。亚历山大听了解释后，全力支持蒙哥马利。蒙哥马利的新计划取名"增压"：鉴于隆美尔已将德军和意军分开配置，遂将主攻方向选在德意部队的结合部，主要打击意大利部队即腰子岭偏北的地方；为此集结了新西兰师、第1和第7装甲师、第 151 和第 152 及第 133 步兵旅；“增压”作战开始前，澳大利亚第 9 师继续沿滨海公路向海岸方向发起进攻，吸引德意部队注意力。为使用于“增压”作战的部队作好充分准备，蒙哥马利还将总攻时间从 10 月 31 日 6 时 30 分推迟到 11 月 2 日 1 时 5 分。

10 月 29 日凌晨 3 时，隆美尔在自己作战指挥部附近的沙漠上徘徊踯躅。他担心的是：要是他的部队固守在原地，一旦英军突破防线，就会形成包抄的态势，德军必将彻底覆灭，因为他根本不可能迅速将辎重装备和大批非机械化的意大利步兵撤至新防线。现在该是认真考虑一旦英军突破成功如何顺利撤出部队的时候了。更让隆美尔心烦的是：希特勒绝不会允许他撤退，意大利人也会拼命阻挠。于是他瞒着意大利上司，悄悄布置一条新的防线——阿拉曼以西 100 多公里的富卡一线。

10 月 30 日，凯塞林空军元帅返回战场，告诉隆美尔：“一支德国空军运输中队正从苏德战场调来。”隆美尔在次日给露西的信中对此不以为然：“当事情已弄到不可收拾的地步时，才开始出现所谓的增援，这简直是在上演一出悲剧。”

10 月 30 日晚些时候，楔入隆美尔防线最北端的澳大利亚第 9 师再次向海岸挺进，引起了一阵小小的的骚乱。隆美尔及时派出部队阻挡澳大利亚师，击毁了 20 辆坦克，并俘虏了 200 名澳大利亚士兵。意军总参谋长卡瓦利诺发来了墨索里尼的贺电，并确信隆美尔会战斗到底直至夺取全胜。对此，隆美尔淡然一笑，他已认定会战失败了。10 月 31 日，他就必要时向富卡撤退的计划向一些战斗部队透露了一点风声，一张撤退时间表已拟定出来了，并在地图上标下了临时位置。

“增压”行动开始

蒙哥马利的“增压”作战有五个目的：摧毁隆美尔的装甲部队；迫使他在广阔的战线上应战并耗尽所剩无几的燃料；切断其补给线并阻止敌人进行再次补给；迫使敌人放弃前沿机场；将德非洲装甲集团军撕成碎块。

困难在于如何克服敌人的地雷场和摧毁躲在防线纵深的敌反坦

克武器。要克服这两个困难，必须有压倒优势的火力和高度的机动自由。蒙哥马利有足够多的火炮和坦克炮，又有沙漠空军的密切配合，自开战以来一直占据着火力优势。但是他缺少机动自由空间，敌人的地雷场挡住了去路，在没有冲过地雷场前他不可能获得实施广泛机动的空间。蒙哥马利选定两个英国步兵旅即第151和第152步兵旅担任主攻，伴随这两个旅进攻的是两个瓦尔蒂坦克团，其后依次是第9装甲旅和第1装甲师。指挥"增压"作战的弗赖伯格在进攻前召开的一次会议上曾这样说道："我们全都明白，用坦克去攻击一堵由火炮构成的墙壁，听起来多么像另一次巴拉克拉瓦战斗呀。这应当是步兵干的事，但我们再没有多余的步兵可供调遣，只好由装甲兵来干。"第9装甲旅旅长约翰·柯里说，他的旅这样打可能遭受50%的损失。弗赖伯格回答道："损失可能比这大得多。集团军司令说，他准备接受100%的损失。"

11月2日凌晨1时5分，蒙哥马利惊天动地的进攻开始了。200门大炮同时向隆美尔防线一段狭窄地带齐轰，构成了一道密集的火力网，成群的重型轰炸机潮水般地向该地区和后方目标狂轰滥炸。炸弹的爆炸声、坦克履带的转动声和双方官兵的喊杀声交织在一起，在这苦寒的夜晚格外刺耳。挂在沙漠上空的一颗颗照明弹像狰狞魔鬼的眼睛在尽情欣赏人间的大厮杀。

英军进展顺利，没有遭受重大伤亡。第9装甲旅凌晨6时15分开始进攻，直捣敌军阵地。不久领头的坦克进抵敌反坦克防线，遭到敌反坦克武器的猛烈射击，但第9装甲旅不顾伤亡奋勇向前。天刚放亮，有20多辆坦克已冲破防线，这是隆美尔的"大坝"崩溃前从裂缝里喷出的最初的水花。这些坦克横冲直撞，向防守薄弱的德给养分队射击。但德第15和第21装甲师迎上前来，德意部队的反坦克武器也利用正面和侧面猛烈射击，率先冲过来的英军坦克一辆接一辆中弹起火。

上午11时，隆美尔接到报告："英军坦克群已突破28号高地西南一3.5公里的地段，正向西推进。"隆美尔在日记中写着："非洲军估计这里的敌军坦克有400辆，我们的坦克力量在反攻后处于无能为力的境地。根据炮兵的观察报告，在布雷区T和K两

■ 在阿拉曼战役中，一名英军军官带领战士向德军进攻。

地对面，正聚集着准备增援的四五百辆敌军坦克。”隆美尔匆匆吃了几口鸡丁盒饭，便赶去指挥他最后一次沙漠坦克大战。隆美尔多次站立在一座高高的沙丘上审视这场大战。

英第9装甲旅在突破中损失了74辆坦克，全旅仅剩下20辆坦克，已丧失了战斗力。但该旅终于在德军的地雷场杀开了一条血路，第1装甲师的坦克沿着这条血路蜂拥而至。隆美尔把德意部队所有残存坦克都集中过来，向英第1装甲师的两侧猛烈攻击。从正午至下午1时，一队队英军轰炸机凌空而至，对28号高地以西的德意残余防线进行了7次轰炸。

下午1时30分，蒙哥马利下达了新的命令：英军主攻方向转向东北，逼近嘎沙尔海岸，以便从突进去的北部切断隆美尔的部队。英军坦克主力部队使用了数百辆“谢尔曼”式坦克，这种坦克远比德军的4型坦克厉害，德军的88毫米高射炮只有在相当近的距离才能穿透它的装甲。迄今为止，隆美尔一直把88毫米高射炮当平射炮用，打坦克效果很好，现在他这一招失灵了。隆美尔从防线南部调来最后的预备队，封堵英军在防线北部的突破口。激烈的战斗持续了整整一个下午，双方损失都极为惨重。入夜，已被炮弹炸伤的德非洲军军长托马将军打来电话：“我们已尽了最大努力将防线连成一体。战线现已稳住，但很薄弱。明天能够作战的坦克只有 30 辆，至多不会超过 35 辆。后备队已经全部出动。”隆美尔对托马说：“我的计划是要全军边打边撤，退到西线。步兵今天夜里开始运动，非洲军的任务是坚守到明天早晨，然后撤出战斗。但要尽量牵制住敌军，给步兵赢得脱逃的机会。”夜间步兵部队已开始悄悄撤退。

这天下午，隆美尔向德军最高统帅部发出的报告中隐瞒了他要撤退的计划。约德尔将军向希特勒宣读了这份电文：

> 虽然我军在今天的防御战中获胜，但面对占绝对优势的英空军和地面部队，经过十天的艰苦鏖战，全体将士已筋疲力尽。预计强大的敌军坦克群可能于今晚或明日将再次突破防线，我军部队确实已鞠躬尽瘁。由于缺乏运输工具，无法将意军的 6 个非机械化师和德军的两个非机械化师顺利撤出阵地。大批部队将被敌方的摩托化部队牵制。目前，我军的机械化部队正在浴血奋战，然预料仅有一部分人员能摆脱敌军纠缠……尽管我军进行了英勇顽强的抵抗，显示了大无畏的牺牲精神，但鉴于此种形势，全军覆没的危险依然不可避免。
>
> 陆军元帅　隆美尔

从这种例行报告中看不出隆美尔的撤退决心。子夜时分，希特勒亲自打电话向最高统帅部指挥参谋部的参谋人员询问：“隆美尔那边还有消息吗？”回答是“没有”。希特勒如释重负，不久便去睡觉了。

几乎就在同时，在英国一幢乡村别墅里，隆美尔的电文正被放入破译机中。几小时后，英国情报局局长在保密电话里将这一情报向丘吉尔等几个可以参与绝密事件的官员作了汇报。他们得出的结论是：“看来隆美尔正处于进退维谷的境地。”在阿拉曼前线，英军的无线电侦听分队同样没有猜到隆美尔已在秘密撤退。

11 月 2 日至 3 日夜，阿拉曼战线依然是炮火连天、杀声四起。风在吼，血在流……

防守还是撤退

1942年11月3日早晨8时30分，德国国防军最高统帅部副参谋长、陆军元帅凯特尔急匆匆地跑进希特勒的地下避弹室，要求面见希特勒。凯特尔手里拿着隆美尔2日晚上发来的电报，电报在结束时写到：“11月2日至3日夜间，步兵师已撤出防线。”这句话给了希特勒当头一棒。凯特尔解释说，值夜班的参谋军官未注意到这句关键性的措辞，把电文当作日常公文处理了。

原来事情是这样的：11月3日凌晨3时，国防军指挥参谋部一名年逾50岁的少校军官，在值班时收到了隆美尔关于5小时前部队已开始撤退的报告，但他没有认识到情况的严重性，未像对待其他重要情报那样，立即向上司报告。在早晨8时多交接班时，另一位参谋发现了这份重要电报，并急忙上报，这才出现了凯特尔急匆匆求见希特勒的一幕。

希特勒紧紧揪住自己的头发。在苏德战场上，他企图迅速攻占斯大林格勒的计划和整个1942年夏秋作战计划均进展得很不顺利。德军在斯大林格勒正与苏军进行逐街逐垒的争夺。德军已死伤70万人，损失火炮2000门、装甲车1000余辆、飞机1000余架。这些使希特勒心痛、心碎，他眼看要支持不下去了。北非战场的风云突变又给他沉重的一击，他把怒气全部发泄在那位可怜的少校和指挥参谋部副参谋长瓦利蒙特将军身上。只是因为他想弄清楚国防军指挥参谋部是否和隆美尔串通一气，玩弄阴谋，那位值班军官才死里逃生，免于枪决，被降为士兵，到一个“缓刑营”服役。对瓦利蒙特，希特勒歇斯底里地喝道：“在这关键时刻，隆美尔求救于我，求救于祖国，我们应当给他鼓励，给他力量。要是我清醒的话，一定全力支持，命令他坚守阵地，可是当隆美尔向我呼救时，我们的瓦利蒙特先生却在呼呼大睡。”希特勒一气之下，解除了瓦利蒙特的职务，并让他立刻离开大本营。后经希特勒的副官长施蒙特说情，希特勒才于次日撤销了处分。

11月3日9时许，希特勒大肆发泄了一通后，立即向隆美尔发出一封电报，这是第二次世界大战中最怪异的电文：

我和全体德国人民，怀着对你的领导才能和在你指挥下的德意部队的英勇献身精神的坚定信念，注视着你们在埃及进行的英勇的防御战。鉴于你目前所处的形势，毋庸置疑，只有坚守阵地，绝不后退一步，把每一支步枪和每一名士兵都投入战斗，除此别无出路。大批空援将在未来几天里到达南线总司令凯塞林那里。领袖和意军最高统帅部必将竭尽全力积极增援，以保证你能继续战斗。敌人虽占有优势，但已是强弩之末。意志的力量能够战胜强大的敌人，这在历史上已屡见不鲜。你可向你的部下指明，不胜利，毋宁死，别无其他选择！

阿道夫·希特勒

3 日上午，隆美尔驱车视察了在阿拉曼防线北部继续抗击英军进攻的装甲部队和正在向西撤退的步兵。正午过后，他驱车回到自己司令部的指挥车上，和代理参谋长威斯特发尔上校默默无言地共进午餐。下午 1 时 30 分，艾尔马·瓦宁（威斯特发尔的参谋）匆匆来到指挥车旁，大喊一声："报告！"威斯特发尔微微抬起头道："进来。"瓦宁钻进车里。威斯特发尔问："什么事？"瓦宁答道："我们的死亡签证。"随即把一纸电文递交过来。威斯特发尔接过电报，迅速从头到尾看了一遍，随即默默地递给隆美尔。隆美尔看了看威斯特发尔，那眼光显然是在询问，可后者无言地低下头去。

"不胜利，毋宁死，别无其他选择！"电文结尾时的这几个字像颗颗钉子，深深刺痛了隆美尔的心。他把电报轻轻放下，缓缓扭转头去，凝视着车窗外。仅仅 90 分钟前，他还向部队发出了进一步撤退的命令，并准备打一场机动防御战。然而此时此刻，他一向奉若神明的元首却明令禁止撤退，他该怎么办？往后的 1 小时内，隆美尔时而勃然大怒，时而惶惶不安，并亲自起草了一大堆电文。其中一封电文是这样的："我的元首，我永远遵从您的命令，但在盲目服从和责任感之间我无所适从。"这些电文后来均未发出，隆美尔处于究竟忠于元首还是正视现实这一进退两难的境地。

下午 2 时 28 分，隆美尔要通了非洲军军长托马的电话，向他宣读了希特勒的来电，并强调："把这项命令贯彻到士兵中去，部队必须战斗到最后的一兵一卒。"当托马指出这将导致灭顶之灾，并建议撤下坦克重新编组时，隆美尔对着话筒吼道："不能撤！元首命令我们竭尽全力坚守！不能撤退！"下午6时40分，隆美尔拒绝了非洲军建议的新防线，并大声疾呼："我要你们守住现在的阵地！这是生死攸关的大事！"

接到希特勒的电报后，隆美尔觉得部队将全军覆灭，自己也在劫难逃。他在当天下午给妻子露西的信中写着："我不相信，几乎也不再相信我们会以胜利而告终。我们的生死全操在上帝手里。别了，露西，别了，我的孩子……"他把所有积蓄——2.5万意大利里拉——塞进信封，请前往德国的伯尔恩德中尉一定平安地带给露西。

11月3日上午11时30分，希特勒的那封电报在英国一个静谧的乡村别墅里同样被恩格尼玛破译机译出，丘吉尔很快就知道了。当时在中东领导侦听的英国情报局军官温德博瑟姆回忆说，希特勒"那份电报立刻被我们抄到了，距它发出不过几分钟，它就到了蒙哥马利和丘吉尔手里。显然，隆美尔或是因为密码机出了故障，或则出于故意延误，他并没有答复说已收到那份电报，而是要求把它重发一次。敌人统帅部发出的电报，敌方战场司令没有收到，或至少他承认已经收到以前，英国司令官就收到了，这恐怕是世上唯一的一次"。

蒙哥马利得知隆美尔已决定撤退，后又在希特勒严令下坚守的情报后，于11月3日夜间发起了最后的攻击。

但是，蒙哥马利对阿拉曼战役的后果缺乏远见。他对突破成功后如何追歼敌军的措施考虑不周，动作缓慢。客观上，第8集团军经过12天大血战后伤亡较大，一些部队已疲惫不堪；主观上是蒙哥马利谨慎过度，不敢实施大胆的追歼，勉强实行时又动作迟缓。

追击的最关键时刻是11月4日的白天和夜晚。这天，隆美尔的装甲部队还在抵抗，而步兵已在撤往富卡的途中。隆美尔既不敢下令让装甲部队撤退，又难以使撤退的步兵重返前线，处于两难选择的困境中。4日早晨7时25分，凯塞林赶到隆美尔的司令部，他来此本是督促隆美尔严格执行希特勒的命令的，可当他获悉隆美尔现在只剩下 22 辆坦克时，立即改正了自己的看法。凯塞林对隆美尔说："我觉得应把元首的电报看作是呼吁，而不是一成不变的命令。"

隆美尔惶恐地说："我认为元首的指令是绝对不能更改的。"

"但必须随机应变，"凯塞林反驳道，"元首并不愿意你和你的士兵葬身于此。"最后凯塞林建议隆美尔立即电告希特勒："就说部队损失惨重，人员剧减，不可能再守住防线。要在非洲立足的唯一机会完全系于此次撤退战。"

隆美尔发了电报给希特勒，同时仍旧命令部队坚守。中午 12 时 55 分，非洲军参谋长拜尔莱因上校来到隆美尔的司令部报告说，非洲军军长托马将军谴责坚守命令是"发疯"，他挂上自己所有的勋章，乘坦克赶到战斗最激烈的地段去了。事实上，托马是故意让英军俘虏去了。下午 3 时 30 分，隆美尔终于下令全线撤退。

当天晚上 8 时 50 分，希特勒终于同意撤退。第二天希特勒的这份新命令才送到隆美尔手中，上面写着："既然木已成舟，我同意你的要求。"

隆美尔剩下来的 7 万多部队幸免被歼，撤往富卡新防线。

蒙哥马利的追击行动苍白无力。11 月 4 日拂晓，印度第 4 师进入了被突破的阵地。该师的战史中有一段激动人心的描写：

> 东方刚破晓时，步兵进入了被突破的阵地。呈现在他们面前的就是地图上多次见过的腰子岭。阵地上的大炮都毁坏了，前面不远处，有几个人在疯狂地奔跑，想寻找躲藏的地方。运输排的士兵出去把他们抓了回来。然后，从东面传来轰隆轰隆的响声，那响声越来越大。一会儿，坦克冲出来了，成百辆坦克经过突破口向西面、北面猛冲而去，追杀敌军。
>
> 但坦克的轰隆声很快就减弱了，它们并没有冲得很远，也没有进行杀戮。

因为，印度第 4 师得到的命令是收容伤员。蒙哥马利下令新西

■ 德军士兵抬着受伤的同伴向富卡撤退

兰师和第 10 军进行追击，给他们规定的任务是：以第 4 轻型装甲旅和第 9 装甲旅为先导，引导第 5 和第 6 机动步兵旅向西越过沙漠，然后向北转直奔富卡；第 1 装甲师应向泰勒阿卡基尔西北面的埃尔哈拉什挺进；第 7 装甲师的前进目标是加扎拉。这是一个大规模的向北包抄运动，其关键是富卡以西的一个据点，海岸公路由此登上了陡坡。如果能够及时封锁这个隘路，退却的德国装甲集团军就可能遭到两支英军夹击而陷于危境。但是新西兰师疲战之后需 24 小时才能作好追击准备，被迫仓促发起的追击进行得非常混乱，结果 11 月 4 日拂晓至黄昏这段时间，新西兰师所属各部队前进速度为：第 4 轻型装甲旅 65 公里，第 9 装甲旅 25 公里，第 5 步兵旅 52 公里，第 6 步兵旅仅为 50 公里。至于第 10 军的装甲师前进速度则更慢，仅前进了 15 公里。等走在前面的新西兰师于 5 日到达富卡时，隆美尔的部队已向西撤去。本来还有一个机会，即在马特鲁港截住敌军的退路，英军第1和第7装甲师已向该港挺进，到6日傍晚已进至距目的地不远处，但由于缺少汽油和天下大雨，这两个师被迫停止前进24小时，隆美尔利用这段时间已撤出了马特鲁。

暂缓鸣钟

阿拉曼战役前，丘吉尔首相曾与中东总司令亚历山大约定：如果英军夺取阿拉曼之战的胜利，就在全国鸣钟以示庆祝。

11月6日，亚历山大致电丘吉尔："鸣钟吧！据估计俘虏人数目前已有2万，俘获坦克350辆，大炮400门，军用物资数千吨。我军先头机动部队已抵马特鲁港以南的地方，第8集团军正在乘胜前进。"丘吉尔三思之下，决定等即将发动的在北非西海岸登陆的"火炬"作战计划开始得胜时再鸣钟为好。他把这个意见通知了亚历山大将军。

■ 经过12天激战，盟军取得阿拉曼战役的胜利，这是被俘的大批德意军。

从10月23日进攻开始至11月4日突破成功，阿拉曼战役经过了12天浴血苦战。英军损失1.35万人，德意军损失3万余人。隆美尔被击退了，埃及的危机解除了。阿拉曼战役实际上标志着“命运的转折”，丘吉尔夸张地说：“在阿拉曼战役以前我们是战无不败；在阿拉曼战役以后，我们是战无不胜。”

英军所具有的绝对优势是蒙哥马利夺取阿拉曼战役胜利的物质基础。英军在兵力兵器和后勤补给方面均居优势，尤以坦克、大炮、飞机和补给方面的优势最为明显。12天的血战中，英沙漠空军共出动2500架次，破坏了敌军的部队机动、作战指挥和后勤补给，而德意空军仅出动飞机260架次。

蒙哥马利的作战指挥是比较高明的。阿拉曼战役与以前在沙漠所发生的历次战役均不同，因为战线狭窄、工事坚固、地雷密布，且有重兵固守，无法实施侧翼包抄，蒙哥马利充分利用短近而优良的交通线，集中使用炮兵，用猛烈的炮火组成火网，然后用大批坦克蜂拥向前推进，终于突破了隆美尔苦心经营的防线。蒙哥马利总是把数百门大炮集中使用，而不是用分散的炮兵中队进行小规模的炮轰。

“超级机密”在英军获取阿拉曼战役胜利中发挥了不可低估的作用。几乎在战役的每一关键时刻，破译的情报都帮助蒙哥马利及时做出正确的决策。如在“增压”作战开始前，蒙哥马利原计划在北边近海处进行突破。后“超级机密”显示，德国的第21装甲师正向北调动，敌防线中央主要是战斗力较弱的意军，蒙哥马利遂把突破点稍稍向南移动了一下，顺利突破了敌军的防线。

蒙哥马利是个谨慎过度的人，不太善于进行机动作战。他的指挥要则是：摆好了阵势再干。他不善于并力一处、千里杀将，乱中取胜、以巧成事。如果他再大胆果断些的话，是可以在富卡截住隆美尔的部队加以歼灭的。

隆美尔在阿拉曼的失败主要在于兵力兵器的劣势和后勤补给线太长。劣势一方只有在机动作战中才能寻找克敌制胜的战机，可是隆美尔却被迫放弃他一向擅长的机动战，同英军拼起了“刺刀”阵。这是没有办法的，他既无力攻破英军的防线，又不得不遵照希特勒的指令守住既得的地盘。1942 年 10 月至 11 月，德国野心之大与实力不足的矛盾愈益充分地暴露出来了。大而广之，以苏美英中为首的反法西斯同盟各国所拥有的巨大战争潜力发挥了作用，德意日法西斯集团战争潜力不足的致命弱点充分暴露。法西斯集团在苏德战场上、太平洋战场上、大西洋战场上和北非地中海上的战略主动权均已严重动摇。希特勒视北非地中海为次要战场，投入的德军不多，而丘吉尔和墨索里尼均视这里为主要战场投入了各自的主力，但墨索里尼是泥足巨人，实力太弱，所以北非地中海战场的战略主动权率先易手。

隆美尔及时撤退的做法无疑是可取的。希特勒“不胜利，毋宁死”的电报带来了灾难性的后果，导致撤退的行动推迟了 24 小时。隆美尔痛心地写到：“回顾过去，我在良心上只犯了一个错误——那就是本应该提前 24 小时撤退，而不应该遵守那道死守的命令。”但这只“沙漠之狐”还是千方百计撤出了大部分部队，使蒙哥马利扑了空。

阿拉曼战役是英国战争史上光彩的一页，是英国对第二次世界大战做出贡献的象征。正由于此，自第二次世界大战结束以来，英国以各种各样的方式纪念阿拉曼战役的胜利。蒙哥马利辞世后，英国为他建立了一座雕像，伊丽莎白女王亲自为雕像揭幕。1992 年 10 月 23 日，来自英国、加拿大、澳大利亚、印度、南非、埃及等国的当年参加阿拉曼会战的老战士汇聚到阿拉曼。这些白发苍苍的老人，臂戴黑纱伫立在英雄们的坟墓前默默祈祷。风在怒吼、沙在飞扬，他们却沉浸在对当年血战的回忆中……

长期以来，各国军事史学界对此战向来存在着不同的看法。1942 年 11 月 5 日，蒙哥马利在战地记者招待会上称：“先生们，这是一次完全彻底的胜利。”早在蒙哥马利在世时，人们就对此大持异议。英国军事史学家科瑞利·巴尼特认为：“在我看来，第二次著名的阿拉曼之战定会以多此一举的战役载入史册。假如第 8 集团军不坚持进攻直到隆美尔脱离防线开始撤退的话，它是能以较小的代价彻底摧毁非洲装甲集团军的。”巴尼特还指出：隆美尔一得到英美部队在北非西海岸登陆成功的消息后就全力撤往突尼斯，那

■ 阿拉曼公墓坐落在阿拉曼村的二战战场原址上，是阿拉曼战役中牺牲的盟军士兵的墓地。

为什么不把阿拉曼战役放在“火炬”作战之后进行呢？在丘吉尔看来，这是最后一次纯粹英国人对德国人的胜仗，是英国作为独立国家的最后的杰作。丘吉尔急于发动阿拉曼之战是为了再建英军的威信和抬高英国的国际地位。阿拉曼之战是一场“政治上的胜仗”。巴尼特对阿拉曼战役的评价可以说是贬多于褒。

英国的约翰·斯特劳森将军对阿拉曼战役也有一番评论：“它在某些方面是决定性的。它使隆美尔放弃了占领埃及的努力；消除了对第 8 集团军的怀疑，使蒙哥马利确信了自己是能打胜仗的将军——这对同盟国具有深远的影响；它保证了英国的中东基地的完整；恢复了英国士兵对他们的指挥官们的信任；保住了丘吉尔的政治地位，在这样一些方面它是决定性的。但它在另一些方面又不是滑铁卢或色当那样的决定性会战，它不是一个战役或一场战争的胜利。它没有摧毁或捕捉住隆美尔的装甲集团军——那本是丘吉尔给亚历山大和蒙哥马利的主要的和首要的任务，它只是狠狠打击了隆美尔的部队并把它打退了。”

斯特劳森的这番评价是比较公允的。蒙哥马利没有歼灭隆美尔的装甲集团军，这才是丘吉尔决定暂缓鸣钟祝捷的主要原因。看来首相本人当时就对这场不圆满的胜仗保留了看法。

七、“火炬”点燃了

“火炬”的构想

1942 年 8 月 12 日晚，英国首相丘吉尔与苏联部长会议主席斯大林正在克里姆林宫举行他们有生以来的第一次会谈。

丘吉尔来访前，曾反复思量着他这次来苏联的使命：当面向斯大林说明 1942 年不能在法国开辟第二战场。会谈最初两小时的气氛阴森沉闷。丘吉尔滔滔不绝，论证 1942 年进攻法国海岸是不行的。斯大林表情严肃地问道：“据我理解，你们是不能用大量兵力来开辟第二战场，甚至也不愿意用 6 个师登陆了？”

丘吉尔回答：“的确如此。我们能够用 6 个师登陆，但这样的登陆有害无益。”

斯大林反驳说：“我对于战争有不同的看法，不准备冒险，就不能获得胜利。为什么你们这样害怕德军呢？军队必须在战斗中流血，假使不使军队流血，就不了解军队的力量。”

两个人唇枪舌剑，争论不休，会场出现令人窒息的沉默。这时，丘吉尔打开了一幅南欧、地中海和北非的地图，企图证明，“欧洲第二战场并不是唯一的第二战场”，并且美英两国已经决定进行计划中代号为“火炬”的战役。该战役的目的就是以 7 个美国师和 5 个英国师的兵力占领法属北非沿岸。丘吉尔说，胜利实施“火炬”战役的优点在于可肃清地中海的敌人，获得轰炸意大利的基地，从而威胁希特勒欧洲的腹部。

为了说明自己的论点，丘吉尔边说边画了一张鳄鱼图，对斯大林说："我们在打鳄鱼的硬鼻子时，也要攻击它的柔软的腹部。"丘吉尔意在证明：横渡英吉利海峡进攻法国海岸是打希特勒这条鳄鱼的硬鼻子，而进攻北非地中海是打其下腹。

这次访问结束后，丘吉尔于 8 月 16 日致电美国总统罗斯福，电文最后高兴地写道："总的说来，这次访问莫斯科的确使我受到鼓舞。我深信，这次我所带去的使他们失望的消息，只有由我亲自传达才不致引起真正严重的分裂。到莫斯科去是我的职责，现在他们已了解到最坏的情况，他们十分友好地提出了抗议；尽管此刻是他们最忧虑最困窘的时期，他们的态度还是友好的。此外，斯大林完全承认'火炬'作战计划的巨大优越性。我也确实相信，大西洋两岸的人们正在以超人的力量把这个计划推向前进。"

丘吉尔有理由感到高兴。1942 年夏初，希特勒在苏德战场南翼展开了大规模的进攻战役，相继攻占刻赤半岛、塞瓦斯托波尔要塞，进攻库班和北高加索，同时对顿河中游和伏尔加河下游实施进攻。苏军展开了英勇的斯大林格勒保卫战。1942 年德军共 267 个师中，70%的战斗力最强的部队都在苏德战场，在法国、比利时和荷兰仅部署有德军的 15%的师。这些师的补充兵员都是年老的士兵和未打过仗的年轻人，且装备低劣。德军在苏德战场上占据优势，苏联要求英美在西欧迅速开辟第二战场，从苏德战场吸引走 40 个以上的德国师。苏联统帅部的夏秋战役计划正是以指望在 1942 年建立欧洲第二战场为基础的。现在丘吉尔明白无误地告诉斯大林：我们在 1942 年不能在法国登陆，用 6~8 个师登陆也不可能，而他这样做并没有引起苏联与英美的同盟关系的破裂，难怪丘吉尔兴高采烈了。

盟国利益之争

第二战场问题是第二次世界大战期间苏联与英美争论最多的问题之一。关于"第二战场"概念本身，苏联认为第二战场就是欧洲战场，更准确地说，是法国北部的战场；这一战场能对法西斯德国心脏地区构成威胁，使德国处于两线作战的困境。而英国人认为，在北非地中海等地开辟的战场都是第二战场。

1941年6月下旬，法西斯德国入侵苏联后，苏联很快就要求英国立刻横渡英吉利海峡，进攻法国，从而开辟第二战场。这显然是不太可能的。当时美国尚未正式参战，英国势单力孤，没有力量在法国登陆。1941年12月美国参加了第二次世界大战，从而极大地加强了反法西斯同盟的兵力和物质资源。

美国参战前就制定了“先欧后亚”的大战略，即希特勒德国是头号敌人，必须先打败德国，回头再收拾日本，至于意大利，因其经济力量和军事力量均小，不是主要作战对象。美国人认为：如果他们全力以赴地抗击日本，就会使盟国力量分散，另外两个盟国即英国和苏联就会有战败的危险，或者与德意形成长期僵持不下的局面，这样即使美国在太平洋战场取胜后，也势必要与已精疲力竭的英国和苏联一起去征服希特勒的“第三帝国”。美国的“先欧后亚”战略是遵循先打主要敌人这样一条古老的战略原则而制定的，是一项明智的富有远见的战略抉择。尽管在美国统治集团内部不少有影响的人对此表示异议，但陆军参谋长马歇尔等多数人仍坚持“先欧后亚”的战略，并得到罗斯福总统的坚定支持。

1942年春季，美国军事当局提出一系列作战计划构想，主要是注重西欧战区，并确定在英国集结部队和武器装备，以进攻欧洲大陆。1942年4月1日，陆军参谋长马歇尔向罗斯福总统递交了一份备忘录。该备忘录认为：“西欧是最重要的战区，英国和美国的武装力量应该在那里采取第一次大规模进攻。”备忘录还强调：“必须立即定下主要突击方向的决心”，而“定下决心马上就可以制止兵力、兵器的进一步分散”。备忘录具体规定英美军队对法国北部的进攻在1943年春天实施。备忘录提出了两个方案：一是向法国境内大举进攻的各种准备工作，主要是在英国集结兵力，代号为“波利乐”；一是1942年发起进攻法国北部卜雷斯特或瑟堡的有限战役，代号为“痛击”。罗斯福立刻批准，并派自己的特别助理霍普金斯和陆军参谋长马歇尔前往伦敦与英国协商。罗斯福还写信给丘吉尔，请求赞同美国的计划，信中写着：“哈里（霍普金斯）和马歇尔所要告诉您的一切，均是我的由衷之言。你我两国人民要求开辟一个战场，以便卸下俄国人肩上的压力。两国人民很有智慧，完全能够看到俄国人今天所杀死的德国人和摧毁的装备，比你我两国加起来的总和还要多。”

英美两国代表伦敦会谈于 1942 年 4 月 8 日至 14 日举行，双方举行了好几次会议，详细讨论了美国的战略计划。14 日丘吉尔首相在最后一次会议上讲话时表示，英国完全支持美国总统的重要建议，但又提出了保留意见：不能完全把其他战役搁置一边，并指出了继续保卫印度和中东的必要性。美国历史学家麦克尼尔指出：“丘吉尔的外交是，以故意的热情同意美国计划的一部分，同时使他所不同意的那些部分失去作用。”英美这次伦敦会谈就以美国的建议为基础，对制订 1943 年开辟第二战场的共同计划达成了共识。但关于 1942 年可能举行的有限进攻战役则只要求根据苏德战场的形势而定，没有具体成果。

1942 年 5 月下旬至 6 月上旬，文雅而严肃的苏联外交人民委员（外交部长）莫洛托夫先后出访英国和美国。他在访美归国途中，再次到了伦敦。

5 月 20 日，莫洛托夫一行到达伦敦。莫洛托夫宣布：他此行有两个主要任务，一是签订英苏共同反德条约，一是关于欧洲开辟第二战场问题。丘吉尔说，英美两国政府都在研究开辟第二战场问题，不过关于开辟第二战场的日期，暂时还没有做出任何决定。英军联合作战部司令官蒙巴顿海军上将在与苏方军事代表会谈中，引用了专门准备的有关英美两国现有的登陆舰艇和飞机数字，证明 1942 年在西欧开辟第二战场是不可能的。

5 月 29 日，莫洛托夫抵达华盛顿。罗斯福对莫洛托夫说：对欧洲发动大规模进攻，限于登陆舰只和准备工作不足，只能推迟到 1943 年进行；但为援助苏联，他正在说服美国军人承担风险，并以 6~10 个师的兵力在法国实施登陆，即使不能保证这次战役取得胜利，但“为了在 1942 年援助苏联，应该做出牺牲。也许还得经受一次敦刻尔克……但是这次战役在影响德国人的士气方面，将具有非常重大的意义。它将缓和局势，并将进一步提高红军的士气”。罗斯福又致信丘吉尔，通报他与莫洛托夫谈判的情况。他写到，莫洛托夫对未来几个月苏德战场的形势深表担心，罗斯福认为，“这种担心是发自内心的，而不是企图催促我们”。罗斯福强调自己现在比任何时候都更希望在 1942 年开始进攻，并且特别希望莫洛托夫“此行回国时能带着某种实际成果向斯大林报喜”。6 月 3 日苏美就莫洛托夫此行的联合公报草案达成协议，公报指出：“在会谈过程中，对 1942 年在欧洲开辟第二战场的迫切任务，已达成充分的谅解。”（该公报于 6 月 11 日和 12 日分别在华盛顿和莫斯科发表）

6 月 9 日，莫洛托夫再次抵达伦敦，与丘吉尔举行会谈。当莫洛托夫向丘吉尔通报罗斯福总统准备冒“第二次敦刻尔克的风险”，以 6~10 个师在欧洲大陆登陆的设想时，丘吉尔激动地说：“我无论如何都不去进行新的敦刻尔克冒险，不管谁建议我这样做。”丘吉尔还说，以 6 个师的兵力于 1942 年秋天在法国登陆的实际准备工作正在进行，但这次登陆是否能够实施，将取决于当时可能出现的具体形势；如果连一线成功的希望也没有，那他任何时候都不会实施这种有限进攻战役。莫洛托夫经与丘吉尔激烈争辩，使他勉强同意仿照苏美公报的格式，将苏英会谈过程中“对 1942 年在欧洲开辟第二战场的迫切任务，已达成充分的谅解”这一决定写进苏英公报。但丘吉尔在 6 月 10 日会见莫洛托夫时明确表示，公报中关于 1942 年第二战场的措辞，并不意味着英国政府“在第二战场的日期方面承担了明确的义务”。

莫洛托夫的伦敦会谈和华盛顿会谈的结果，具有重大的国际意义。苏英和苏美协定的签订，以及苏英和苏美关于第二战场公报的发表，不仅巩固了反法西斯同盟，而且促进了被法西斯占领各国的人民反法西斯斗争的积极发展。然而，会谈过程表明，美国对开辟第二战场态度积极，而英国却十分勉强。

莫洛托夫刚离开伦敦，丘吉尔就决定第二次访问华盛顿（第一次是在 1941 年 12 月）。6 月 13 日他致信罗斯福：“由于通信不能解决所有没有解决的困难问题，我认为我必须到您那里去。”丘吉尔急急忙忙出访美国，主要是担心美国政府与莫洛托夫会谈后，可能在开辟欧洲第二战场问题上积极支持苏联。丘吉尔想亲自说服罗斯福放弃在 1942 年横渡英吉利海峡的计划。丘吉尔津津乐道的是“体育家”计划和“丘比特”计划。“体育家”计划是英美部队在西北非登陆，后来改称“火炬”作战计划。“丘比特”计划是在挪威北部的作战计划。

1942 年 6 月 17 日，载着英国首相丘吉尔、帝国总参谋长布鲁克和战时内阁成员伊斯梅将军的“波音”飞机飞往华盛顿。总统与首相在纽约附近罗斯福的海德公园住地开始了英美会谈。6 月 20 日，丘吉尔交给罗斯福一份备忘录，其主要内容是陈述 1942 年不能开辟第二战场的理由。的确，备忘录中也写进了准备“波利乐”计划的必要性，但结尾却强调：“英国政府不赞成必败无疑的战役，因为这对俄国毫无帮助……我们坚持认为，在今年不应在法国登陆。”备忘录建议对法属西北非的军事行动加以研究，以代替 1942 年在法国登陆。其论据是，盟国不能在“1942 年期间听凭大西洋战区无战事”，这种战役应当“直接或间接地减轻俄国人的负担”。

美国三军参谋长研究了丘吉尔的备忘录后，向罗斯福总统指出：丘吉尔建议的“体育家”计划是欧洲登陆战役的“不祥的代替物”，因为它必然导致大量转移拟用于欧洲登陆所需的舰船，从而削弱主要战略方向的突击力量。美三军参谋长还严正指出，在西北非登陆“即使完全成功地实现，也不能迫使德国人从俄国战场撤走一兵一卒、一辆坦克或一架飞机”。

由于美国军方领导人坚决反对实施“体育家”计划，6 月 20 日英美两国军事领导人准备了一份联合参谋长委员会关于盟国 1942 年至 1943 年进攻战役的报告，该报告是以美国的观点为基础的。报告强调：两国应当“坚定地坚持、坚决和尽可能迅速地推进‘波利乐’计划的基本决心”；现有条件下不应当实施“体育家”战役；仔细研究 1942 年在欧洲发动进攻的可能性，在必要和具有特别有利条件下采取行动。但是罗斯福和丘吉尔再次会谈时没有批准两国军事领导人之间达成的初步协议，而是得出了一些不同的结论。

6 月 21 日丘吉尔收到了托布鲁克守军投降的消息，英军的这次失败将与会者的注意力引向北非问题，双方都着手讨论援助中东战区的具体问题，使关于未来英美总体战略的会谈暂时中断了。

6月25日，丘吉尔及其随行人员返回伦敦。这次华盛顿英美首脑会谈的结果是，关于西方盟国对德国军队实施第一次大规模突击的地点问题没有做出最后的决定。在英国继续集结兵力兵器的“波利乐”计划照常进行，双方在“痛击”战役和“体育家”战役之间尚未做出抉择。然而丘吉尔最终说服罗斯福，“体育家”战役较之其他战役更符合英美两国的利益，这是丘吉尔的一个胜利。

英军在利比亚的失败，使丘吉尔的政治地位受到动摇，他迫切需要战场上的胜利来挽回政治影响。丘吉尔访美归来后，以前所未有的热情和坚决态度敦促美国支持在西北非登陆的计划。7月8日，丘吉尔致电罗斯福，语气十分坚定：“英国陆军、海军或空军的将领均不预备推荐‘痛击’计划为1942年可能实行的作战行动。”“我自己坚信，法属北非的战役(‘体育家’计划）是在1942年使俄国战线获得缓和的最好机会。这个计划一直是和您的意见符合的，事实上它是您的主导思想。这是1942年的真正的第二战场，我已与内阁和国防委员会商量过此事，大家看法一致。这是今年秋季可能实行的最可靠的、最有成果的攻击。”7月14日，丘吉尔再次致电罗斯福：“我极盼望您了解我现在的处境。我已发现，没有人认为‘痛击’计划是可行的。我很希望您尽快实行‘体育家’计划……”

丘吉尔语气坚决的电报对美国总统产生了明显的影响，美国总统逐渐倾向支持英美军队在西北非海岸登陆的主张。美国国内的政治情况也是罗斯福态度转变的重要因素。1942年11月，美国国会将要进行选举，如果在此之前美国军队还没有对德国采取积极的军事行动，罗斯福的共和党在国内的地位将会严重动摇。考虑到这些因素，罗斯福决定紧急向伦敦派出自己的特使霍普金斯、马歇尔和金海军上将，与丘吉尔和英国军事领导人会谈，以便达成今后如何进行战争的协议。

7月18日，美国谈判代表在英国的普雷斯特韦奇上岸，然后乘火车到伦敦。7月20日，美英代表在英国内阁办公室举行第一次会议，丘吉尔在发言中谈了英国政府的观点。他并不直接反对

1942 年开辟第二战场，而以英国未能“拟出一个令人满意的计划”来进攻大陆加以推诿，并要求在讨论这一问题时要考虑到气象条件以及目前可以利用的资源。谈到“体育家”计划，丘吉尔强调：“我们肯定应该对这个计划的种种形式，从各个角度加以审查。”

7 月 20 日至 22 日第一次全体会议后，会谈在英美双方参谋长级军人间进行。马歇尔首先发言，向英国同行解释了经过修改的“痛击”战役计划，其中认为“围歼”计划是“痛击”计划的最初阶段，执行这一计划不仅是为了在欧洲大陆设防固守，而且是为了在已占领的登陆场增加盟军兵力并进一步扩大登陆场，并强调科唐坦半岛的瑟堡是最适合的登陆地点。马歇尔申明：实施“痛击”计划，第一，能够鼓舞苏联政府，因为它将具体体现盟国从东线引开德军的意图。第二，将为盟国在 1943 年实施大规模战役提供进攻基地。可是，英国三军参谋长们对这些说法十分怀疑。会谈陷入僵局。

会谈陷入僵局后，马歇尔致电罗斯福总统报告情况。罗斯福电告霍普金斯、马歇尔和金海军上将，说他对伦敦会谈的令人失望的结局并不感到特别惊奇，并指示制订能使美国陆军在 1942 年参加对德国法西斯作战的其他战役计划。罗斯福提出了 5 个战役方案，并优先考虑在北非登陆。接着罗斯福又向在伦敦的美国代表发了一份电报，重复说他现在赞同 1942 年在北非实施进攻作战。

接到罗斯福总统新的指示后，英美伦敦会谈重新开始，7 月 24 日双方就 1942—1943 年实施战役的问题迅速达成协议并通过了备忘录。备忘录写到：

> 假如在 9 月 15 日以前出现了俄国人在东线的抵抗停止或急剧削弱的征兆而使顺利实施“围歼”战役的希望变得渺茫，那么，就应当定下在 1942 年 12 月以前的短期内实施在西北非沿岸登陆的共同战役的决心。因此，必须立即制订这种非洲共同战役计划并确定集中交通工具、海军力量和部队的最后期限，以便在 1942 年 12 月 1 日以前实施登陆后第一梯队的登陆行动。……

不言而喻，实施非洲战役，实际上排除了在1943年7顺利实施“围歼”战役的可能性……

虽然一致通过的这份备忘录具有折中性，但丘吉尔明白，在法国登陆的“痛击”计划已被搁置起来，他高兴地写着：“‘痛击’计划就这样束之高阁，‘体育家’计划得到了应有的重视。马歇尔和金虽然不免有些失望，但也服从了他们总司令的决定。”

丘吉尔高兴地为他宠爱的“体育家”计划起了个新名字，叫做“火炬”。7月25日，罗斯福总统电告霍普金斯“不迟于10月30日”实施在北非登陆的计划，应即着手进行准备工作。当日，美国谈判代表离开多雾的伦敦城，启程返回华盛顿。

就这样，1942年7月丘吉尔成功地使苏联外交人民委员莫洛托夫的访问成果毁于一旦，天平向推迟开辟第二战场方向倾斜。

中国西汉时期著名史学家司马迁有一句名言，即“天下熙熙，皆为利来；天下攘攘，皆为利往”。这种利益升格到国家关系中，即是以国家利益为处理国际关系的最高准则。第二次世界大战中苏、英、美之间的联合与分歧说到底也是国家利益之争。为了打败威胁全人类命运的德意日法西斯这个共同目标，英美与苏联这三个意识形态不相同的大国走到一起来了，结成了同盟。但是所追求的国家利益不同又使三大国在开辟第二战场问题上出现了严重的分歧。

苏联抗击着法西斯德国的陆空主力，承受着比英美更大的军事压力。苏联要求英美在西欧迅速开辟第二战场，置法西斯德国于两线作战的困境并加速其败亡的进程，是完全正当的。

英国在开辟第二战场中负有主要责任，因为英美两国的陆海空军要以英伦三岛为基地，没有英国的积极合作开辟第二战场是不可能的。但是英国曾经是世界头号霸主，拥有庞大的海外殖民地，大西洋和地中海是其两条主要的海上补给线。英国传统的外交政策是维持欧洲大陆的势力均衡，不允许任何一个大国独霸欧洲，所以英国在反对德国在欧洲大陆的侵略的同时，又千方百计防止苏联过分强大，宁愿看到德国和苏联两败俱伤。丘吉尔为了英国的国家利益，奉行一种边缘战略，即首先控制北非地中海和东南欧，这样既可确保英国的地中海航线，又可确立未来遏制苏联的基地。为此，丘吉尔不遗余力。艾森豪威尔回忆丘吉尔时写道：“他是一位很有威望的领袖。他具有英国人在困难时所表现的勇敢坚定，在顺利时所表现的因循守旧的典型性格。他有非常强烈的信念，善于争论和答辩。他全力以赴争取战争的胜利，履行自己作为英国首相的职责，如果有一种信念和他的观点发生抵触，这时要想争辩过他确实是困难的。……他甚至在和一个人讨论问题时也要进行激烈的辩论，而且他的强烈的决心使他的陈述听起来似乎是通情达理的。”正是凭着这股子倔强劲，丘吉尔终于迫使美国人放弃在欧洲大陆登陆的“痛击”计划，而追随英国人执行“火炬”计划。

美国一开始就奉行“先欧后亚”的战略，甚至当英美会谈陷入僵局、国内要求先集中兵力于太平洋时，罗斯福总统仍抓住“先欧后亚”战略不放。“先欧后亚”战略本身就是对着主要敌人法西斯德国来的，可是实际执行过程中却首先对准了最弱小的意大利。美国没有英国的积极合作当然难以在西欧登陆，英国没有美国的合作也难以在西欧登陆，而且英国没有美国的合作也难以执行“火炬”计划，这一点丘吉尔是明白的。美国人最终还是让英国人牵着鼻子走，从而使本可加速的战争进程延缓了，看来美国对苏联亦存有戒心。

英美两国于1942年在西欧登陆开辟第二战场当然存在相当多的困难，但并不是没有成功的希望的，那样就会加速法西斯德国的败亡，从而加速整个第二次世界大战的结束进程。执行“火炬”计划客观上也沉重打击了德意法西斯，却毕竟不是打在了其最要害处。苏英美三国之间的利益之争使反法西斯同盟的战略打击沿着多个方向展开，所幸的是，三大国之间的分歧并没有使同盟破裂，从而奠定了反法西斯战争胜利的基础。

“火炬”计划启动了

英美两国的军政要人在磋商“火炬”战役之时，就已紧锣密鼓地展开了选贤任能的工作。罗斯福和丘吉尔都盯上了美国陆军参谋长马歇尔。丘吉尔多少是出于无奈，对历史甚为精通的他自然明白：联盟战争多半是谁的兵多枪多实力强就由谁出任盟军统帅。

马歇尔文雅沉着、足智多谋，亲自领导了美军的现代化运动，又富有远见和利他主义精神，自然是最为合适的人选。可是，罗斯福离不开马歇尔，马歇尔则有意推荐陆军参谋部作战部部长艾森豪威尔出任盟军统帅这一耀眼的职务。自 1942 年 5 月中旬起，艾森豪威尔就被马歇尔派往伦敦考察，以便就把英伦三岛作为美军最大的作战基地和美军驻欧部队的编制和发展问题提出意见。当 6 月 8 日艾森豪威尔将一份《给欧洲战区指挥将领的指令》草案提交马歇尔并提醒他详加审阅时，马歇尔回答："我当然是要阅读的，你也许是执行这个文件的人。如果真是这样，你何时能离开这里？"三天后，马歇尔明确指示，艾森豪威尔将指挥欧洲战区。7 月底，艾森豪威尔正式受命指挥"火炬"战役。

艾森豪威尔 1915 年从西点军校毕业时，成绩是班上 164 名学员中的第 61 位。这是个"将星云集"之班，至第二次世界大战结束时，有 58 人获得一颗星或更多的星，获得最高头衔的是艾森豪威尔。1939 年他还是中校，1943 年就升任为四星上将，1944 年成为新设立的五星上将之一。艾森豪威尔为何能平步青云，升迁如此之快，这得益于他的军事才能、政治家和外交家的风度和手腕，而命运的关键是 1941 年 12 月任命他为陆军参谋部作战部部长。

1941 年 12 月间的一天晚上，马歇尔对克拉克将军（艾森豪威尔的密友）说，他准备对陆军参谋部作一些变动，"我希望你给我一份列有你了解的十位军官的名单表，你可以从中推荐一名来担任陆军参谋部的作战部部长"。克拉克回答说："我很乐意做这件事，可是名单上只有一个人的名字。如果你非要十个名字不可，我只在此人的名字下面写上九个'同上'。"

"你如此看重的这位军官是谁？"马歇尔问道。

"德怀特·艾森豪威尔。"

"我从未见过他。"马歇尔说，但他很快补充说，他了解艾森豪威尔的卓越功绩。克拉克写道："那以后不久，艾森豪威尔奉命调往华盛顿。"

作战部部长一职迫使他把美国的军事战略和全球军事战略联系起来思考，从而大大拓展了视野，把政治、经济、军事、地理、民情风俗联系起来又使他迅速增长了领导才能。

北非登陆是一个完全新型的战役。这个由英美部队联合实施的两栖登陆要求将两国的陆海空军铸成一块钢板和运转自如的战争机器，这不是一件轻松自如的差事，首先必须有一个新型的最高司令部。艾森豪威尔说："我的第一件工作是物色和组织一个工作班子。马歇尔将军批准了我要求沃尔特·史密斯准将当我的参谋长的申请。他真是一个得心应手的人，他善于处理日常事务，也长于清醒地理解重要问题。由于他认真、勤奋和忠诚，他既能处理麻烦的协商问题，又能从事专业工作。他性格坚强、举止果断，对人既不迁就，又能融洽相处。"

艾森豪威尔又把克拉克将军带到伦敦，让他指挥美国第 2 军，该军驻扎在索耳滋伯里平原。克拉克在西点军校时比艾森豪威尔低两届，后曾在同一个连队任职。克拉克是位能干谦虚的军人。

约翰·李做了艾森豪威尔的"粮草官"。李到职后就马上开始进行一系列繁重的工作，如准备港口和建仓库、盖营房、建停机坪和修理设备。艾森豪威尔称赞说："在他的领导下，供应工作取得的成就是如此重要，其规模是如此宏伟，以至需要一本专著才能详细叙述。"

艾森豪威尔又盯上了小乔治·巴顿。小乔治·巴顿长艾森豪威尔 8 岁，是美军中的坦克战专家。巴顿曾追随美国特级上将潘兴参加过第一次世界大战，因"功绩卓著，服务优异"而获得了优异服务十字勋章和上校军衔。此时他正在美国的加利福尼亚州因迪奥沙漠训练中心训练第 2 装甲师。

艾森豪威尔向马歇尔点名要巴顿参加"火炬"战役。这实际上是他对巴顿的第二次召唤。1942 年春季的早些时候，巴顿抵达因迪奥沙漠训练中心不久，美国拟派一个装甲师去增援在埃及陷入困境的英第 8 集团军（后因缺少运输舰只未能实现），当时身为作战部部长的艾森豪威尔就极力推荐他的好朋友巴顿。艾森豪威尔清楚地记得当时他们谈话的情景："乔治，你是否愿意放弃训练部队的指挥权，来率领一个师参战实际的战斗？”

巴顿早就渴望着上战场。当美国尚未正式参战前，他就模仿意大利统一时期的加尔波蒂将军，悄悄给加拿大的一位将军写信，要求以加拿大军官的身份参加对法西斯的战争。听了艾森豪威尔的话，他先是一愣，接着大声说：“假如我能参加战斗，我他妈的甘愿当一名少尉。”这次艾森豪威尔再次想到了“没人要的狗东西”——乔治·巴顿。

英国部队司令官的任命却一波三折。原定要在“火炬”战役中指挥英国部队的哈罗·亚历山大将军调往开罗，由蒙哥马利将军接替。接着，蒙哥马利也被调往埃及，去指挥处于危境中的英第8集团军。他的职位由“一位叫安德森的苏格兰人”接替，此人即是肯尼恩·安德森中将。英国指挥系统中连珠炮似的更换使艾森豪威尔感到不安。当英国战时内阁成员伊斯梅将军奉命把连续变动的情况通报他时，他忍不住问道：“坦率地告诉我，英国人对‘火炬’战役的态度究竟是否认真？”不过，艾森豪威尔后来对安德森的合作基本上还是满意的。

在初秋，英方又解除了拉姆齐海军上将的远征军海军司令之职，而任命坎宁安海军上将接替他的职务。坎宁安在此之前曾率英地中海舰队在地中海上多次大败意大利人。他精力充沛，不畏艰险，富有才智，直率而又执拗。艾森豪威尔称他“是个名副其实的老水手”，“英国海军上下，甚至包括英美两国的其他军种在内，对他的拥戴程度毫不逊色”。

艾森豪威尔在军校学习期间，就已经了解到拿破仑战争期间反法联盟失败的原因之一就是内部不团结，他决心搞好英美之间的团结。妨碍团结的因素是多方面的：美国士兵的薪水比英国士兵的多得多；英国少女对报酬优厚的美国兵的青睐引起了英国人的恶感；英军官兵对尚无战斗经验的美军十分蔑视，认为他们自吹自擂，大言不惭；而美国人抱着“我们又要在这里为你们作战”的态度对英国人不大尊重。在高级军事岗位上，两国都有强手，又都有自己的民族主义观念。英美两国政治与军事机构不同，做出决策的方式各异，战术手段、指挥和参谋程序、民族心理及语言不一，这些都造成两国高级军官之间的误解。艾森豪威尔必须尽可能化解分歧，以便协调一致地打击敌人。

艾森豪威尔面临的挑战和责任，的确如他所说："没有先例可借鉴，好比航海没有航海图导航。"关于最高统帅的权力并没有正式的规定，即使有规定也不会有多大作用，照他看来"这种权力不能由一个国家施加给另一个国家的个人。只有信任和信心才能牢固地建立盟军统帅的权力，使他永远不会害怕缺乏这种合法权力"。

艾森豪威尔以他的才干、信念，动人的风度，热情的微笑，谦逊的态度，诚实与坦率，在完成英美盟军团结上取得了成功，消除了冷漠的英国人的疑虑。丘吉尔称他"可能是世界上最乐观的人"。

"火炬"战役计划并不是一蹴而就的，其间经过了许多争论和更改。英美两国海军一直强调登陆舰只不足。8 月 11 日艾森豪威尔曾召集一次会议，出席会议的有斯塔克海军上将，其他几名海军将领和一名叫弗兰克·托马斯的海军上校，他们都是美国海军军官。托马斯上校把局势描绘得漆黑一团，甚至说可能遭到三四艘德国航空母舰（其实德国海军没有航空母舰）的威胁。当时在伦敦的巴顿非常气愤，只是由于艾森豪威尔的干预，巴顿和托马斯之间才避免了一场公开激烈的辩论。艾森豪威尔坚定、明确地对讨论做出了结论。他说："'火炬'战役是美国总统和英国首相下达的命令。不论我们喜欢不喜欢，也不管有多大障碍，该计划必须实施。即使一艘护航舰都没有，我的命令是要求进入西非和北非。不管有无军舰，我都要去开展这次战役，哪怕是我一个人划着小艇去，也在所不惜。"

制订计划先要确定进行攻击的地点和能够投入作战的兵力兵器。最初确定四个港口为必争之地，从西往东依次是卡萨布兰卡、奥兰、阿尔及尔以及地中海岸的波尼。卡萨布兰卡是蜿蜒于阿特拉斯山脉的那条向东穿过奥兰、阿尔及尔直至突尼斯的漫长而破旧的铁路的终点。如果没有这条破烂的铁路，英美所有进入地中海的部队都会被截断，甚至想突围都要冒极大的风险。海军不同意从这里登陆，因为这一带海岸在整个晚秋和冬季波涛滚滚，平均每五天中就有四天惊涛拍岸，很不适宜小舰艇登陆。奥兰和阿尔及尔势在必夺，而且奥兰附近的飞机场对于日后作战是必不可少的。阿尔及尔是该地区的政治、经济和军事中心，其重要性自不待言。

由于护航舰只和登陆艇不足，只能选择其中三点作为登陆场，这就产生了两种方案：一个方案是进攻卡萨布兰卡、奥兰和阿尔及尔；另一个方案则是进攻奥兰、阿尔及尔和波尼。艾森豪威尔组织人研究了很久，决心把全部兵力开进地中海，争取登陆成功后迅速向德意部队在北非的战略要地突尼斯城挺进。突尼斯城的诱惑力如此之大，使艾森豪威尔决心放弃卡萨布兰卡，集中兵力于奥兰、阿尔及尔和波尼三地。

但是这一计划遭到美国参谋长联席会议的强烈反对。8 月 25 日，美三军参谋长送达伦敦一份备忘录。备忘录强调：登陆重点应在卡萨布兰卡，登陆部队只依靠直布罗陀海峡为运输线风险太大，必须抢占卡萨布兰卡控制那条破烂的铁路线作为海上运输线的补充；不能在波尼登陆，英美空军无法对那个距离意大利和西西里岛的轴心空军部队如此近的登陆场提供有力的空中掩护。艾森豪威尔被迫放弃了波尼，后来证明这是致命的错误，因为登陆部队只能沿陆地从西向东逐步推进，不能很快抢占突尼斯，将德意部队迅速赶出北非。

美参谋长联席会议还反对把阿尔及尔作为登陆重点。丘吉尔对此甚为不满，9 月 1 日他致电罗斯福总统：“不管有多么大的困难，我们认为重要的是，应在占领卡萨布兰卡及奥兰的同时占领阿尔及尔。”在 9 月 4 日打算发给霍普金斯而实际没有发的电报中，丘吉尔厉声责问：“设置一个盟军总司令或最高统帅，如果不给他一点自由来拟定计划，来决定如何、何时、何处应用他的部队，那么又能起什么作用呢？……我不知道美国参谋人员为什么不愿进入地中海，尤其是阿尔及尔，却急于要把一切力量都集中到卡萨布兰卡方面。”

就在 9 月 4 日这天，罗斯福致电丘吉尔，同意将拟用于卡萨布兰卡和奥兰登陆的部队各减少 5000 人，转用于阿尔及尔，以加强那里的登陆兵力。

英美两国为“火炬”计划共调动了110艘运送部队和货物的船只和200艘军舰。丘吉尔要求“火炬”作战“这种两栖作战行动必须配合得像镶有宝石的手镯一样”。经过一系列紧张的训练和演习，这个特大的“手镯”就要完成了。

确定点燃“火炬”的时间吧！7月英美曾商定最迟不晚于10月30日。罗斯福说“时间是个重要因素”，于是一度提前至10月15日。经过一番争论和修改，需要重新确定发动的时间了。9月22日，在丘吉尔主持的并有艾森豪威尔参加的英国三军参谋长会议上，做出了最后的决定：点燃“火炬”的日期定为11月8日。

向奥兰和阿尔及尔两地突击的部队，由两大护航舰队运载，从英国一同开出，慢的一队10月22日起航，快的一队10月26日出发。这样安排时间，为的是使两大护航舰队能于11月5日晚同时通过直布罗陀海峡。面对如此庞大的海上编队，意大利海军舰队根本不敢进行拦截。

在大西洋彼岸的美国，巴顿正作出征前的最后准备。他这次出征的心情与其说充满信心，莫如说破釜沉舟。10月20日，他写下遗嘱，并叮嘱妻子只有在“确定我真的死了”以后才能拆开。当日他去白宫向罗斯福总统辞行，以其最拿手的高调向总统保证说：“阁下，我只想对你说，我决心在海滩上不成功便成仁。”

10月21日晨，巴顿前往沃尔特·里德医院向潘兴将军告别。潘老将军已老态龙钟，因没有人再来征求他对战争的意见而倍感凄凉。潘兴回忆起1916年巴顿杀墨西哥人的事。当巴顿说那支手枪还带在身上时，潘兴说：“我希望你用它多打死几个德国人，用你的钢剑劈死个把人。”巴顿告辞时，戴好帽子向潘兴敬礼，潘兴起身敏捷地还了礼，“他好像一下子年轻了25岁”，巴顿说道。

10月24日凌晨2时30分，巴顿乘坐休伊特海军少将的旗舰“奥古斯塔”号从弗吉尼亚的诺福克港出发。他率领的西线特遣部队共3.4万人，全部由美国兵组成，将由36艘运输舰、货船和油船载运，在68艘军舰护航下，横跨大西洋，行程近5500公里。巴顿笔直地立在甲板上，夜沉沉，海茫茫，护航舰队浩浩荡荡，劈波斩浪向卡萨布兰卡进发。

在伦敦，艾森豪威尔说：“万事皆备，该锁上办公室了。”11月5日他们一行乘坐5架“空中堡垒”飞机飞往直布罗陀，那里设有指挥“火炬”的盟军最高司令部。与此同时，美国总统罗斯福亲自出马，导演了一个艾森豪威尔正在华盛顿访问的骗局。

“不可能”的事发生了

摩洛哥的大部、阿尔及利亚、突尼斯均是法国在北非的殖民地。1940年法国战败后，希特勒出于政治考虑，让贝当元帅为首的维希法国保留了对法国南部和法属北非殖民地的统治。卡萨布兰卡在法属摩洛哥（另外北部有个西班牙属摩洛哥），奥兰和阿尔及尔在法属阿尔及利亚。

美国人希望英美部队的登陆能引起北非法军和当地土著居民的反纳粹起义，为此下了很大工夫策划此事。早在10月时美国人就设法把法国坚决反纳粹的吉罗将军从监禁地营救出来。11月7日夜，吉罗将军来到艾森豪威尔在直布罗陀的司令部。艾森豪威尔渴望与他会见，因为在他看来，争取到吉罗就可能使法军放弃抵抗，从而大大减少部队的伤亡。吉罗却有点不自量力，说：“我要担负指挥全部盟国远征军的任务。”

艾森豪威尔说：“这是不可能的，盟军中没有一个法国士兵。要说有的话，都在纳粹那边。”

吉罗不断地重复说：“我不能接受盟军司令部中的副职，这样做不会取得法国人的谅解，反倒会玷污我的军人荣誉。”

会谈陷入了僵局，最后吉罗甩下一句“我将袖手旁观”离去。幸而一夜的睡眠使他的头脑清醒了些，在第二天早晨的会晤中他向艾森豪威尔表示愿接受他的领导和指挥。不久，艾森豪威尔就后悔起来，不该在吉罗将军身上花费那么多工夫，因为他对北非的法军没有多大号召力。

偶然和机遇使达尔朗海军上将派上了用场。达尔朗是维希法国的副元首和武装部队总司令，被认为是贝当元帅的继承人。达尔朗刚巡视北非回到法国。此时他的儿子突然得了小儿麻痹症，在阿尔及尔住进了医院。达尔朗一得知儿子病重的消息，便于 11 月 5 日匆忙飞回北非。因此，正当英美即将大举进攻之际，他恰巧在阿尔及尔。达尔朗对英国人十分反感，长期以来一直投靠轴心国。美国在北非的政治代表罗伯特·墨菲（美国与维希法国保持着外交关系）希望达尔朗能及时离开，可是达尔朗十分关心儿子的病，在阿尔及尔逗留不走。墨菲和亲英美的法国北非军事长官朱安将军十分为难。因为达尔朗握有实权，只要他不走，朱安就无法让法军配合盟军登陆。因此，探明达尔朗的态度是非常关键的。

丘吉尔对争取达尔朗合作的作用十分清楚，在艾森豪威尔离开伦敦飞往直布罗陀之前，丘吉尔对他说："如果我能见到达尔朗的话，尽管我极恨他，但若能使他把土伦舰队带到盟军这边，让我爬一英里也愿意。"艾森豪威尔决定争取达尔朗与盟军合作，后来证明这着棋走对了。

在卡萨布兰卡和奥兰都有法国军官打算配合盟军的登陆行动。北非法军已不可能作为一个整体对登陆进行坚决抵抗。

对英美部队的登陆准备，意大利海军早有所察觉。在登陆以前的几个月中，意海军派驻阿尔及利亚的停战小组就报告说盟军很可能正在准备北非登陆事宜。1942 年 9 月末，意海军总部向意最高统帅部报称，盟军登陆点极可能在阿尔及利亚，并在几星期内下手。

11 月 6 日夜里，意海军总部获悉盟军的舰队正通过直布罗陀进入地中海。情况报到德南线总司令凯塞林那里，凯塞林打电话给德空军总司令戈林。戈林说："根据我们的估计，这支舰队在未来 40~50 小时内将驶入我们空军的航程之内，因此必须作好一切准备。"

凯塞林忧心地问："元帅先生，如果有一支船队企图在非洲登陆呢?"

戈林说："我看它们不是企图在科西嘉岛或撒丁岛登陆，就是企图在德尔纳或的黎波里登陆。不过，不会在法属的港口登陆。"

凯塞林说："只要这支船队穿过西西里海峡，我就有时间对付它了。"

戈林说：“如果它不开往撒丁岛，就必然会穿过西西里海峡，意大利人没有在那里的海面布设水雷，应当对他们指出来。”

11 月 7 日晨，英美的庞大舰队已驶抵各登陆点附近海域。与此同时，法西斯德国的元首阿道夫·希特勒正乘坐他的防弹列车，从东普鲁士的大本营出发前往巴伐利亚州的慕尼黑，去纪念与这场战争毫不相干的一个使人伤感的日子。19 年前，即 1923 年 11 月 16 日，希特勒发动了一场未遂暴动。这次暴动在一个啤酒馆里开始，后被镇压下去了。从此以后，他每年都要回到慕尼黑和纳粹党的老战士们一起纪念这件事。

1942 年 11 月，尽管斯大林格勒周围的德军已险象环生，希特勒还是离开了东线，去参加一年一度的纪念活动。随他前往的有他最亲密的军事助手、陆军元帅凯特尔和约德尔及其骨干人员。希特勒通过专列上的通信设备与战争保持着密切联系。

11 月 7 日下午 7 时，希特勒走进了设在专列上的会议室，参加每晚照例举行的形势汇报会，听取约德尔将军的分析。约德尔近日不断收到英美盟国舰只在直布罗陀集中的情报。11 月 7 日晨收到的最新情报说：“同盟国有四至五个师正在直布罗陀附近的船上。”

希特勒刚刚在会议桌首席座位上坐好，约德尔就开始讲述他对形势的估计。

“元首”，他说，“此时此刻还没有明确的迹象表明敌人的意图到底是什么。但根据敌舰活动的若干确切情报，我们可以依此推想敌人可能采取的几种行动。

“毫无疑问，同盟国正计划在南部进行大规模的登陆，但是在什么地方登陆呢？

“看来，他们极有可能在昔兰尼加登陆，以加强英国蒙哥马利将军的第 8 集团军力量，并加速陆军元帅隆美尔部队的彻底覆灭。这次行动也可能还有一个平行的目的，即要收复克里特岛，为同盟国在东地中海建立一个强大的堡垒。

“最后，同样重要的是，不能完全排除他们要在马耳他，或在的黎波里，或甚至在西西里登陆的可能性。但这些可能性似乎不大。”

在对敌人的行动作了多种可能的推测后，约德尔下了个毫不含糊的结论：“进攻北非的法属领地是根本不可能的。”

没过几个小时，约德尔所说的“根本不可能的”事情就发生了，“火炬”在西北非海岸终于点燃起来了。

成功登陆阿尔及尔

进攻阿尔及尔的东路海军特混舰队，由英国海军少将哈罗德·巴勒斯指挥，登陆部队由美国陆军少将查尔斯·赖德少将指挥，登陆部队由美英两国部队混合编成。之所以采用这种奇特的混合编制，就是让法国人误以为登陆的全是美国人从而放弃抵抗。

11月7日拂晓，美国运输舰“托马斯·斯通”号在离阿尔及尔不到300公里处曾遭到一艘德国潜艇的鱼雷攻击，此后舰队便再也没有遇到麻烦。入夜，一队在阿尔及尔市以东约30公里的马提福角附近登陆，另一队在该市西20公里的西迪费鲁希角登陆，第三队则在再往西65公里的卡斯蒂利奥内附近登陆。第三队主要是英国人。

英军在卡斯蒂利奥内附近海滩的登陆在11月8日凌晨1时开始。这里尽管滩险浪高，但起初进展十分顺利。上午9时，登陆部队已到达利达机场。

在阿尔及尔东面登陆的部队起初比较混乱，但由于法军没有进行认真抵抗，登陆部队迅速整顿好队伍，8日凌晨6时就进抵重要的白屋机场。在向阿尔及尔市推进时，曾遭到据守一个村落的法军小股部队的坚决抵抗。马提福角的法军海防炮台拒不投降，午后盟军舰炮和飞机联合轰击才迫使炮台守军放下武器。

抢占阿尔及尔港本身的战斗进行得并不顺利。英国驱逐舰“布罗克”号和“马尔科姆”号悬挂着美国国旗，载着一营美国步兵，担负抢占港口的任务。两舰刚驶入港口，便遭到港口守军的猛烈炮击。“马尔科姆”号受到重创后撤退，“布罗克”号连冲了四次才冲破交叉火网，停靠在码头边。美军士兵登上岸后没遇多少抵抗便占领了各项设施，但上午8时，守军大炮猛轰“布罗克”号，迫其撤退。登陆部队被法军包围，午后不久被迫投降。

在阿尔及尔以西的西迪费鲁希角附近登陆时也出现了混乱。若干登陆艇走错了航道，开到更西面的海滩。还有不少登陆艇被浪打坏或因发动机故障停驶。每一营登陆部队都散在近30公里长的海岸上，难以形成强有力的拳头。幸亏部队受到的抵抗轻微，又有拥护盟军的法国官兵接应，登陆部队才免遭败北。

■ 美国陆军士兵下船准备登陆

在阿尔及尔暗通盟军的法国人，并未及时接到盟军的登陆通知，对登陆地点不知晓，他们克服了重重困难，较出色地完成了配合盟军登陆的任务。他们委派军官到沿海一带迎接美军并担任向导，组织队伍夺取控制据点，切断电话，占领警察总局和分局，监禁抱有敌意的高级官员，接管广播电台。总之，在盟军登陆时，他们已使阿尔及尔的指挥系统陷于瘫痪半瘫痪状态，并把阿尔及尔控制到上午7时左右。但由于美军未能及时登陆，双方配合不好，暗通盟军的法国人渐渐失去对局势的控制。他们中有的被清除，有的被逮捕。

与此同时，法军高层军官之间的斗争正进入白热化。盟军寄希望于驻守阿尔及尔的法国军事长官朱安将军发挥作用。朱安与美国驻法属北非总领事墨菲关系密切。11 月 7 日午夜稍过，墨菲访问了朱安，告诉他登陆时刻已经来临。朱安未料到盟军的登陆会来得这样迅速，更让他担心的是达尔朗在阿尔及尔，自己无法控制阿尔及尔的局势。朱安与墨菲商量后，决定打电话给达尔朗，请达尔朗马上到他们这里来。

达尔朗果然到了朱安那里，当他被告知美军即将在阿尔及尔登陆时，气得满脸涨红，愤怒地说："我早就知道英国人是愚蠢的，但我一直认为美国人要比英国人聪明一点，现在我开始认为你们美国人所犯的错误之多也不下于英国人。"达尔朗第一个反应是拒绝与美军合作。

在此期间，朱安原定的计划正在逐步执行中。成群的持枪的反维希的法国热血青年包围了朱安的别墅，想迫使达尔朗改变态度。可是拂晓前，警察当局派来 50 名警察驱散了那帮青年人，并逮捕了朱安、墨菲等人，警察静候达尔朗的进一步指示。

这时，盟军登陆的时刻已经来到。11 月 8 日天亮以后，消息更是纷至沓来。达尔朗思量再三，于上午 7 时 40 分致电贝当，请求指示。电文如下：

> 上午 7 时 30 分的情况如下：搭乘英国舰只的美军已于阿尔及尔及其邻近地区实行登陆。守军在几处地点，特别是在港口及海军司令部两地，击退了进攻。在其他地点，由于采取突然袭击，登陆获得成功。局势在日益恶化，守军不久即将无法支持。各方面报告表明，大规模登陆正在酝酿中。

上午 11 时 30 分，达尔朗又给他的上级去电说，"阿尔及尔可能今晚失守"。下午 5 时，达尔朗再发出一电报，近似哀鸣："我军虽尽力阻挡，美军业已进入市区，我已命令当地驻军司令朱安将军就阿尔及尔城投降一事进行谈判。”下午 7 时，阿尔及尔投降，盟军登陆成功。从这时起，达尔朗海军上将就落入美军手中，朱安将军在盟军领导下重掌大权。

夺取奥兰

法军在奥兰的抵抗颇为顽强，但美军特遣部队和运他们到现场并送上岸的英国海军部队配合默契，很快克服了困难。美军的先头突击部队是特理·艾伦少将率领的美第 1 步兵师及美第 1 装甲师的半数人马。

盟军在奥兰的攻占计划是：以两翼包抄攻占奥兰城和奥兰港口。特理·艾伦指挥的两个团级战斗群在奥兰以东 45 公里的阿尔泽湾海滩登陆，西奥多·罗斯福准将率领的第 3 战斗群在城西 25 公里的莱桑达卢塞海滩登陆。接着，一支轻装甲纵队从阿尔泽的滩头向内陆推进；另一支较小的轻装甲纵队则从奥兰以西 55 公里处的布扎加尔港登陆点出发，攻占奥兰以南各机场，并从背面逼近奥兰城。至关重要的是迅速封锁奥兰城，因为据估计，城内 1 万名守军如果得到内陆各驻地派来的增援，不出 24 小时人数即可以增加一倍。

战斗开始进行得十分顺利。11 月 7 日傍晚，护航舰队装出经过奥兰，向东驶出，随之趁夜色掩护折回。凌晨 1 时，在阿尔泽准时开始登陆。只隔半小时，在莱桑达卢塞和布扎加尔港的登陆也开始了。盟军登陆达成了完全的战役突然性，在海滩上没有遇到任何抵抗。这一带共有 13 座海防炮台，当地法军直到拂晓才发现盟军的行动，并以零星炮火组织抵抗。英海军舰炮猛烈轰击，同时施放烟幕掩护登陆和卸载，一切都在顺利进行中。

登陆部队试行正面进攻奥兰港时却吃了败仗。在叙利亚与英军作过战的许多法国正规部队，以及对英军在 1940 年进攻米尔斯克比尔怀恨在心的法国海军部队都进行了顽强抵抗。盟军进攻奥兰港是为夺取这个港口的设施，以免遭法国人破坏，并防止法国人凿沉停泊在港内的舰只，两艘英军快艇“沃尔纳”号和“哈特兰”号，载着 400 名美军，同两艘摩托艇一起执行这个大胆的计划。美国海军当局认为这样做太莽撞而加以反对，但英国海军坚持。

该计划最大失策在于，发动进攻时间安排在登陆后两小时，恰好在其他各地登陆已唤起法军充分注意之时，这样便丧失了进攻的突然性。两艘英国军舰均高悬着美国的星条旗，“沃尔纳”号在英皇家海军上校彼得斯的率领下驶进奥兰港，“哈特兰”号紧随其后。两艘军舰原来都是美国的缉私舰，是根据租借法案转交给英国的。军舰的钢板太薄，在法军猛烈炮击下均被击毁，舰上的人员多半牺牲，余下的多数负伤被俘。彼得斯上校侥幸死里逃生。

到拂晓时，法国的驱逐舰和潜艇纷纷冲向奥兰湾，对盟军构成严重威胁。盟军护航舰队凭借优势的舰炮火力进行猛烈攻击，法国驱逐舰抵抗不住，部分被击沉，大部仓皇逃离战区。法国潜艇在盟军驱逐舰攻击下也被迫撤离。法国海岸炮兵对登陆部队继续轰击，战斗仍在激烈进行中。

10 日早晨，盟军从东西两面对奥兰城发起总攻，步兵部队再次遭到阻击。不过法军的注意力被东西两面的盟军步兵吸引住了，盟军两支轻装甲纵队的先头部队则趁机从南面直驱城内，除遇到狙击外，没有遭到像样的抵抗。午前，盟军轻装甲纵队攻到奥兰城内的法军司令部，法军司令官被迫投降。在奥兰三天陆上战斗中，美军伤亡 400 余人，第三天战斗逐渐减弱，原因是奥兰的法军司令部知道阿尔及尔正在进行谈判，已无心恋战。

艾森豪威尔谈到奥兰战斗时说：“在奥兰，盟军虽然登了岸，可是当地的法军，尤其是法国海军进行了猛烈抵抗，打了一些硬仗，在战争中辗转千里的美国第 1 师在这里第一次尝到了搏斗的滋味。”

抢占卡萨布兰卡

11 月 7 日，巴顿少将指挥的美国西线特遣部队正驶进卡萨布兰卡。次日凌晨 4 时，他们就要在摩洛哥长达 45 公里的海岸上三个要害地点登陆——南面的萨菲、北面的利奥特港和中间的费达拉。其中费达拉是主要登陆地点，它位于卡萨布兰卡以北近 30 公里处，是片适宜登陆的海滩，且最靠近卡萨布兰卡城及其戒备森严的港口。

巴顿的部队只有4个师，这是美国在战争初期所能调给他的全部部队，因为美国必须两洋作战。巴顿手下的士兵过去都未曾经历过战斗洗礼，在最后一刻，为了补足这支部队的人员，还给一个师补充了400名从未经过任何基本训练的士兵。

率领这样的队伍进行就当时来说为最大规模的两栖登陆，巴顿感到忐忑不安，不时引用斯通韦尔·杰克逊的一道训诫作为自信的基本格言："不要让恐惧左右自己。"

在11月7日的早些时候，当这支舰队已经在部署登陆时，巴顿给各运输舰上的士兵们发了一封信，第一次把他们的任务告诉他们。信的开头写着："士兵们，我们将会受到祝贺，因为我们被选为美国陆军中最适合参加美国这次壮举的部队。"

7日晚上10时30分，巴顿上床休息。他脱去靴子，和衣而卧，这已成为他每次进入战斗之前的习惯。尽管临战前很难入睡，但他尽力平息下来，设法睡到了凌晨1时30分，此时已是11月8日，这是进攻发起之日。

巴顿正在穿靴子的时候，舰上的收音机开始播音了，一个既响亮又熟悉的声音传遍了全舰。这是罗斯福总统在对他的北非"朋友们"讲话，这是北非"火炬"行动的一部分，目的是影响北非的法国人放弃抵抗。

巴顿对此极力反对，事先曾对此深表异议。他的理由是：盟军在阿尔及尔和奥兰两地登陆是在11月8日凌晨1时30分，而在卡萨布兰卡则在凌晨4时，这样广播总统的讲话会使卡萨布兰卡的登陆行动失去突然性。

巴顿事先曾给艾森豪威尔发去一份措辞激烈的电报，对此提出强烈抗议。但是，艾森豪威尔告诉他："我认为在你发起进攻之前广播这个消息，并不会使你的进攻失去出其不意的效果。不论广播与否，卡萨布兰卡当局总是会得到中线和东线特遣部队采取行动的消息。"

1时45分，巴顿来到他所乘坐的旗舰"奥古斯塔"号甲板上，罗斯福总统的讲话录音一遍又一遍传入耳中，他气得嘴唇发白。有阵子，他不停地在驾驶台上踱来踱去，学着总统的声音一遍又一遍地说："我的朋友们……我的朋友们。"但是不久，宁静的海面和新鲜的空气就使他平静下来，旋又转怒为喜。

巴顿自11月4日以来一直担心天气。自那一天起，大西洋上狂风大作，巨浪滔天，到了11月6日，天气变得更为恶劣，转好的希望非常渺茫。华盛顿和伦敦发来的天气预报更加重了人们的忧虑，根据这两地的天气预报，狂风将会掀起4.6米的巨浪，从而使登陆无法进行。

现在大海平静了，海浪轻轻拍打着，海风徐徐吹拂着海岸。拟于费达拉登陆的12艘运输舰和近2万名官兵，已经准确地按照规定时间和地点到达他们的位置了。实际上，从凌晨1时起，第一线的运输舰就一直忙着吊出小船，并将部队送上小船。1时45分，由詹姆斯·韦弗少校指挥的4艘侦察艇，配备着强力红外线信号灯和小型无线电装置，出发前往费达拉港内的指定地点去寻找和标明部队即将登陆的海滩，即红色一、二、三号和蓝色一、二号。

现在天空没有一颗星星，巴顿此时什么也看不见，唯有舰上的机器声音和断断续续传来的喊叫声表明部队已进入战斗前的最后阶段。巴顿现在最担心的是：卡萨布兰卡暗通盟国的法国人能否有效地配合登陆行动，兵不血刃呢还是血流成河？

在摩洛哥，11月7日仍是一派和平景象。首府拉巴特歌舞升平，为摩洛哥国王陛下穆罕默德五世和维希法国的驻地长官奥古斯特·诺盖上将的驻地。法国战败后，希特勒仅向这里派出一个200人组成的德国停战委员会，由老态龙钟的总督埃里希·冯·乌利希将军指挥。被派往异国他乡而产生的倦意，使这位纳粹将领的统治变得十分松懈和懒散。摩洛哥的统治是个奇怪的三位一体结构，最高层是纳粹德国，德国人保留了法国人的统治权，而法国人又通过当地的国王实行对这块殖民地的统治。

7日下午7时，驻卡萨布兰卡的法国师师长贝阿图尔将军接到暗语："明晨4时登陆。"贝阿图尔曾与纳粹德国军队打过仗，十分痛恨德国人。他准备在摩洛哥迎接巴顿的到来，并且确保西线特遣部队的登陆畅通无阻。

贝阿图尔立刻采取行动，派兵前往拉巴特，包围维希法国驻摩洛哥的长官府，长官府里诺盖将军可用来调动部队的电话线也被切断了。贝阿图尔还将法国驻摩洛哥所有地面部队司令官乔治·拉斯克罗斯将军抓起来。午夜之后两分钟，即“登陆日”8日刚开始时，贝阿图尔将军驱车前往拉巴特，走进拉斯克罗斯的办公室，宣布自己继任驻摩洛哥所有法国地面部队司令。一时间似乎一切都天衣无缝了。

8日凌晨1时贝阿图尔派他的年轻副官德维达蒙带一封便笺给诺盖将军，便笺上写着：“美国人即将大规模登陆，真诚地邀请您，我的将军，和我们一起解放我们的国家。”

诺盖读着贝阿图尔的字条，冷若冰霜地问德维达蒙：“什么部队？”

“一支美国远征军部队此时就在近海上，将军，”德维达蒙说，“正等待着您的决定，是否发生流血战争就取决于您的决定。”

老奸巨猾的诺盖没有明确表态，多年的官场经历使他决心暂且“作壁上观”，等局势比较明朗之后再说。他回到寝室后，用贝阿图尔的部下因疏忽而没有切断的私人电话线，给在摩洛哥指挥法国海军的弗朗索瓦·米什利埃海军上将打电话询问情况。米什利埃的巡逻飞机和潜艇在7日黄昏前还没有侦察到正在驶近的舰队，便仓促得出结论，坚定地回答说：“在大西洋海面上180公里之内没有情况，长官，绝对没有情况。”

凌晨4时，诺盖房间的电话铃再次急促响起来，诺盖拿起电话，话筒里传来米什利埃恐慌的声音：“将军，已听到大马力船用引擎声，估计距离约10公里。”诺盖开始在房间不停地踱步，竭力想弄清这一含糊不清的报告意味着什么，究竟是盟军的大规模登陆，还是小股入侵？如果是前者配合登陆倒也不错，如果是后者，若配合盟军不成，自己还会遭到维希法国的谴责和纳粹德国的惩罚，不仅会丢官，弄不好还会遭到杀身之祸。盟军要是大规模登陆，这么大的行动怎么可能事先没有半点迹象可察？

4时28分，米什利埃将军再次报告：“布隆丹桥刚才向海面上打探照灯，遭到了一阵机关枪的射击。”诺盖此时断定这只是小股部队的袭击，因此，他不再犹豫，就从“壁”上跳下来，站到反美一边，发出了一道决定性命令：“各就各位！不管发生什么情况，都要抵抗。”同时电召部队以叛国罪将贝阿图尔逮捕。

进行抵抗的命令下达了，巴顿在“奥古斯塔”号上担心的问题发生了，鲜血将染红大海，浸透海滩。

巴顿在“奥古斯塔”号上远眺费达拉，看到岸上的探照灯光柱把夜空划成一条条长带，耳朵里已传来隆隆的炮声。凌晨6时，朦胧的天色开始泛明，巴顿尚未收到任何战报。他关心费达拉的战斗，也为另两处即萨菲和利奥特港的登陆战而担心，一股大战前莫名其妙的孤独感困扰着他，他尽力克制自己，不让一丝一毫的惶恐感流露出来。

在萨菲，欧内斯特·哈蒙少将指挥的登陆迅速成功，海军方面只有2人伤亡，陆军攻击部队10人阵亡，75人受伤。哈蒙在拂晓之前就拿下了萨菲的港口城市，正在抓紧建立起最初的滩头阵地。

在利奥特港，特拉斯科特少将却遇到了麻烦。这里本是巴顿西线特遣部队三个登陆点中最易登陆的地方，可是由于登陆点选择不当，美军在这里面对的不是迎接他们的军乐队，而是法国外籍军团摩洛哥土著步兵第1和第7团的子弹和刺刀，还有海军岸防部队的75毫米口径大炮。特拉斯科特将军恼怒地说：“登陆艇的水手们缺乏经验，航海技术低劣，再加上因时间的迟误所致的极度慌乱，这一切使部队的登陆一团糟。”

尽管特拉斯科特手下的第9师士兵们全力奋战，伤亡仍不断增加。在这一天里，特拉斯科特将军还为他的上司巴顿抓了一名“俘虏”。当他正向一位军官下达命令时，发现一个头戴钢盔、身着海军上衣和陆军军裤的人正缩头缩脚在一旁偷听。他怀疑此人是奸细，便大步走过来，大喝一声“乔治”。这是这次登陆战中的口令。如果那人知道口令的话，本应回答“巴顿”，但他慌乱中脱口应道：“我不是乔治！我是李中士，全军最好的老炊。”实际上，他是美军第60步兵团的炊事中士傅伊·李。这真是大水冲了龙王庙，一家人不认识一家人。

巴顿自己所在的费达拉地区是战役重点，部队由美第3步兵师、第2装甲师之第67装甲团第1营和从12艘运输舰上登陆的特种部队共1.9万多名官兵组成。乔纳森·安德逊少将在巴顿的直接督率下指挥这次出击。

凌晨3时55分发出开始战斗的信号。第一批登陆的4艘舰船劈波斩浪驶抵进攻发起线。5时15分左右登陆兵抵达海滩。6时，在最不利于登陆的瓦迪内夫克小三角湾的蓝色二号海滩上，到处都是第15团的士兵。与此同时，第30团的先头部队冒着炮火登上了红色一号海滩。在登陆之前，巴顿向部队下达了暗语，若遇到抵抗，便发回"猛袭"的暗号。

凌晨6时10分，特混舰队司令休伊特海军少将接到了"猛袭"的暗号。休伊特海军少将决定一决雌雄，向整个舰队下达了"开球"命令，舰炮铺天盖地向岸上的敌炮兵和机枪阵地轰击。

按照计划，登陆舰将在8时即登陆开始三小时后，将巴顿送上岸去。巴顿衣着整洁，仿佛是去参加阅兵式。那笔挺的军服丝毫看不出他曾穿着这套衣服睡了一晚。他头戴饰有闪亮的两颗星的钢盔，脚穿擦得亮亮的马靴，一想到即将上岸，巴顿便热血沸腾，他对勤务兵喊道："乔治，我的手枪在哪里？"

"在艇里，长官。"勤务兵迅速答道。

"给我拿来！"巴顿怒吼。

勤务兵迅速取来一支象牙柄镀银的柯尔特自动手枪和一支左轮手枪。正当巴顿低头把手枪插入枪套并挂在皮带上时，"奥古斯塔"号旗舰投入了战斗。该舰上的主炮第一次齐发就震坏了巴顿登陆艇的底部。"真他妈该死！"巴顿骂道，他不得不仍就停在"奥古斯塔"号上。

8日中午，三个登陆点的部队都已抢滩成功。在费达拉，安德逊少将报告说，他已经控制了河流及高地，并且俘虏了德国停战委员会的8名成员，但德国停战委员会的头子乌利希将军在法国人帮助下逃到了西班牙属摩洛哥。

现在休伊特海军少将又拨给巴顿一艘救生艇。巴顿离开"奥古斯塔"号旗舰，乘坐那艘小艇向海滩前进，闯上了浅滩。巴顿从艇上跳下，溅着海水向前趟去。20米外有一艘登陆艇搁浅了。

巴顿大步跑上前去，用肩膀去顶搁浅的船。

“到这边来！”他提高嗓门吼道，“都过来！快，该死的！”巴顿站在齐腰深的水中。“抓住这里，”他大叫道，“还有你，抓住那一边。等着下一个浪头打过来，抬起来推。好，推！妈的，推！”在他们的共同努力下，小艇终于退下浅滩，向海里的军舰开去了。

巴顿浑身湿淋淋的，转身对他的士兵们说：“该死的，难道你们不明白这条船还要不断地运送弹药吗？没有弹药还打什么鸟仗？”

巴顿离开海滩，来到红色一号海滩的一所小房子里，通信兵迅速给他架起了一部野战电话。20 分钟后，安德逊将军匆忙跑来，一同来的还有一位气喘吁吁的法军上校。安德逊要求派人劝降仍在抵抗的法国海军上将米什利埃。巴顿同意了，但不久劝降的人回来报告，米什利埃拒不投降。巴顿怒火中烧，满嘴污言秽语：“这个狗杂种，我要好好教训教训他，让他懂得老子大炮的厉害。”

卡萨布兰卡三个登陆点均初战告捷，不过在扩展滩头阵地时却遇到了新的麻烦。法军仍在进行抵抗，美军装备和给养全部堆积在海滩上，无法前运。这严重妨碍了登陆部队 9 日和 10 日向内地推进计划。

巴顿将军在海滩上干了大约 18 个小时，自始至终都浑身湿透。为了加快这里的卸载速度，他身先士卒，累得筋疲力尽。与此同时，在利奥特港滩头，特拉斯科特将军的部队也被守军压在滩头阵地上。由于通信设备出了毛病，他长时间与巴顿失去联络，也失去对自己部队的掌握。11 月 9 日，特拉斯科特终于与巴顿联系上了，他向巴顿求援，但巴顿无援可给。

卡萨布兰卡的法军拒不投降，恼怒的巴顿准备通过空中轰炸和海上炮击以迫使卡萨布兰卡守军投降。根据事先与艾森豪威尔商定的方案，巴顿要采取上述行动必须得到艾森豪威尔批准，因此巴顿故意保持沉默，想最后来个先斩后奏，再把责任推到通信联络上。

11 月 11 日凌晨 3 时 30 分巴顿被人叫醒，接见一位前来接洽投降的法国军官。巴顿告诉这位法国人：“你对你们的米什利埃将军说，如果他不愿意彻底毁灭的话，他最好马上停止抵抗，因为我将发起总攻。”

来人走后整整一小时过去了，毫无消息。接着又过了一小时，仍无动静。巴顿下令部队发动进攻。早晨6时25分，P-40型飞机呼啸而过，飞向卡萨布兰卡的轰炸目标。在防波堤外，休伊特海军少将的舰队已抬起炮口，待命发射。就在这时，法军宣布投降。

“这真是千钧一发”，巴顿后来在给他妻子的信中这样写着。

卡萨布兰卡的登陆战整整持续了74小时，现在终于结束了。这算不上一次大规模战役，美军的作战和指挥出现了不少失误。巴顿在战役过程中因联络不畅好长时间无法实施有效的协调控制。各登陆点的胜利多半是由安德逊将军、哈蒙将军和特拉斯科特将军在分散的、自行指挥的行动中赢得的。他们以自己的勇猛、主动和当机立断夺取了登陆战的胜利。法国人的抵抗对巴顿的部队来说是幸运的，新组建的部队经历了战争流血的洗礼，巴顿及其手下的军官们也因而获得了现代战争的经验。

“火炬”胜利

盟军在北非的登陆给了希特勒一个当头棒喝！

1942年11月在法西斯德国12年的短命统治里成了灾难的化身。德军在北非地中海战场和苏德战场接连遭到三次惨败，而且一次比一次大。11月2日隆美尔从阿拉曼败退，11月8日英美部队西北非登陆成功，几天后的11月21日德军在斯大林格勒城下被围。

德国国防军最高统帅部指挥参谋部副参谋长瓦利蒙特将军悲哀地写着：“希特勒不是在斯大林格勒会战失败，也不是4个月后突尼斯受挫时，才失掉战略主动权的，而是早在11月这个德国现代史上决定德国命运的月份里，在西线和东线敌人的打击下就已失去了。”他接着写着：“1942年11月2日至21日，德军在地中海战场和东线遭受三次重大失败，每次都使德国大本营惊慌失措。”

希特勒恼羞成怒，11月8日立刻打电话给瓦利蒙特，选定他为德国国防军全权代表，想与法国最高统帅部共同阻击盟军登陆。当日晚他就改变了主意。希特勒从震怒中清醒过来了，意识到与被打败的法国联合作战是不切实际的，法国人在德国的刺刀下的和平是靠不住的，必须迫使法国人进行抵抗，否则就占领法国的残余领土。

11月8日和9日，希特勒向维希法国提出想提供军援供其自卫，维希法国方面对此避而不答，这种保留态度更加引起希特勒的猜疑。当天下午，希特勒坚决要求突尼斯的各港口和空军基地交由轴心国部队使用。赖伐尔还想推托，希特勒再也按捺不住，在会谈结束后不久，就命令他的部队同意军一道于午夜开进未被占领的法国地区，并夺取突尼斯的原法国海空军基地。

实际上，早在1940年12月10日希特勒签发的第19号指令中就规定：

> 为防止在法兰西殖民帝国现由魏刚将军控制的那部分地区出现叛乱，应做好迅速占领法国本土迄今尚未占领的地区（“阿蒂拉”行动）的准备工作。关键是，必须对法国本土舰队和法国空军驻本国机场的部队保持警惕，最起码要防止它们倒向敌人一方。

这项行动的代号叫“阿蒂拉”，当时是极为保密的。现在眼见法国靠不住，希特勒便拿出了他的杀手锏，不过这次又加上了法属突尼斯。

德国机械化部队很快占领了法国南部。9日下午，德机开始飞抵突尼斯附近的一个机场，同时开来了地面上保护德军飞机的部队，但被法军围困在机场内。11日起，空运成倍增加，邻近的法军被解除武装。大炮、坦克、运输车辆和军需物资源源不断地海运到比塞大港口。到11月底，开到突尼斯的德军已达1.5万人，有100辆坦克。同时从的黎波里经陆路开来意军近1万人。德军由隆美尔的原部下尼林将军指挥。德意军一边加紧增兵，一边猛打猛冲。1942年12月9日，希特勒派于尔根·阿尼姆上将担任非洲轴心国部队总司令，着手把突尼斯和比塞大包括在内的两个环形阵地扩大为一个总桥头堡，用近200公里长的一连串防卫哨所连接起来。希特勒抢占突尼斯给盟军在北非的作战行动设置了很大的障碍，成为盟军日后不得不硬啃的“核桃”。

希特勒还想抢夺法国的土伦舰队。当德军进抵土伦周围时，双方达成了一项协议。根据协议，在土伦港周围设立一个自由区，由法军守卫，但是德方在11月18日却要求法军全部自该区撤退，土伦舰队的法海军官兵逐于11月下旬将军舰凿沉，共有73艘军舰沉没，其中包括1艘战列舰、2艘战列巡洋舰、7艘巡洋舰、29艘驱逐舰和鱼雷艇，还有16艘潜艇。如果这些军舰落入德国手中，定会给盟军日后的海上行动带来极大的麻烦。同盟国方面对法国土伦舰队的沉没甚为惋惜，如果法国海军主动配合的话，本可以将舰队拉出来加入英美海军共同对法西斯作战的。再说，俘获土伦舰队本是“火炬”战役的目标之一，可惜未能实现。

希特勒入侵法国南部，使北非的法国军官大为震动和愤怒。在维希首脑贝当的默许下，达尔朗等人加快了与盟国合作的步伐。11月13日双方达成了停战和维护法属北非秩序的协议。这时艾森豪威尔刚从直布罗陀飞来，立刻予以认可。根据协议条款，达尔朗任高级专员兼海军总司令，吉罗任地面和空军部队总司令，朱安任东区司令，诺盖任西区司令兼法属摩洛哥驻扎总督。艾森豪威尔之所以格外愿意认可这项协议，主要是他终于明白，只有达尔朗才能带领法军倒向同盟国一边。艾森豪威尔的决定立即得到罗斯福和丘吉尔的认可。

由于同盟国在北非承认了一个临时的法国行政机构，北非西北部包括阿尔及尔以西的战斗在11月13日就完全停止了。“火炬”战役取得了辉煌战果。盟军以不大的代价，攻占了阿尔及尔、奥兰和卡萨布兰卡。盟军的胜利原因是多方面的。首先，英美握有强大的海空军优势，这是两栖作战的必要前提。其次，英美善于伪装、精于欺骗，达成了战略和战役的突然性。再次，法属北非的法国军队虽有十几万人，但与德国貌合神离，加之英美方面外交手腕运用得当，取得了法方的配合。法军虽进行过抵抗，但总体上来说是零散的和不坚决的。“火炬”战役从某种程度上可以说是一次“政治仗”。盟军方面充分利用了德法之间的矛盾，在政治上技高一筹。

最后还有一点，亲法西斯的西班牙佛朗哥政权没有插手。佛朗哥在法西斯德国和意大利江河日下的局势下保持中立。西班牙与北非仅隔一道窄窄的直布罗陀海峡，在北非又拥有一个西属摩洛哥，如果西班牙插手或者允许德军假道西班牙进入北非，那就会对盟军的登陆构成极大威胁。这曾是艾森豪威尔等人非常担心的。

■ 参加“火炬”战役援助盟军的北非军队

“火炬”战役胜利了，现在阴霾即将散去，阳光将要普照北非大地，但是“火炬”战役的胜利并不完满。

的确，如果当时制订作战计划时胆量更大些，登陆地点选得更靠东些，或者盟军的进攻速度更迅猛些，那么盟军本可挟胜利之威迅速抢占突尼斯，希特勒便没有时间在那里建立一个桥头堡了。实际上希特勒在出兵突尼斯的最初日子里一直是胆战心惊的。

八、德国人做梦都没想到！

尽管意大利人一直担心盟军在法属北非登陆，但德军最高统帅部对局势判断却屡屡失误，认为盟军不会在的黎波里或西西里岛登陆，更不可能进攻法属北非（这样就会把法国赶到德国的怀抱里），盟军大批船队不过是要增援并补给马耳他岛。结果，盟军的行动完全出乎德国人的预料，等终于看清了盟军的意图时，但为时已晚，北非危在旦夕。

北非落入盟军之手后，轴心国在非洲只剩下最后一块地盘——与欧洲遥遥相望的突尼斯。鉴于突尼斯在政治上和战略上的重要性，轴心国决定不惜任何代价扼守突尼斯，并制定了西地中海战略的新基础，那就是要占领整个法国，在科西嘉岛登陆，并在突尼斯建立一个桥头堡。盟军登陆的当天中午，纳粹德国强迫维希法国政府接受了它的建议：从西西里和撒丁岛提供空中支援，用来阻止在北非登陆的盟军，并予以有力回击。由此，法国在突尼斯的机场全部对德国飞机开放。

11 月 9 日，德军南线总司令凯塞林元帅向突尼斯空投第 5 伞兵团及其他分队，抢在盟军之前占领了突尼斯城的欧韦奈机场，第二天，占领突尼斯比塞大的西迪艾哈迈德机场。11 月 11 日晨，德军又执行“阿蒂拉”计划，占领了法国的未沦陷区。同日，2 个意大利师分别由撒丁岛和本土出发，在科西嘉岛登陆。11 月底，德军为夺取法国军舰，进攻法国南部的港口土伦。在土伦法国舰队司令让·德拉博德海军上将的命令下，土伦法国海军将其舰队的 70

余艘军舰以及 60 余艘运输舰、油船等凿沉。土伦法军被解除武装。

盟军占领摩洛哥和阿尔及利亚，获得重要的后方基地之后，迅速向突尼斯挺进。11 月 15 日，北非登陆部队英国第 1 集团军在安德森中将的指挥下，追击德军进入突尼斯境内，占领突尼斯市西北部海岸城市泰拜尔盖。17 日，在比塞大以西 50 公里处，盟军与德军首次在突尼斯展开激战，德军 1.5 万人的快速增援部队和大量飞机，挫败了英美联军迅速夺取比塞大的企图。至年底，盟军被迫撤至迈杰兹巴卜一线。至翌年春，由于暴雨不断，道路泥泞不堪，给行军造成了很大困难，盟军暂停在突尼斯的攻势。与此同时，蒙哥马利指挥的第 8 集团军也因等待补给而推迟了向突尼斯的挺进。轴心国抓住这个千载难逢的好机会，乘机向非洲增派兵力，并规定突尼斯轴心国军队司令阿尼姆上将的首要任务是，保证隆美尔军队的前进道路畅通，不受牵制，进而两军协同作战，共同守住突尼斯这个战略重地。

到 1943 年 2 月初，轴心国集结在突尼斯的兵力总数约 10 万人，其中德军 7.4 万人，编成德意非洲集团军群（司令阿尼姆上将），下辖德军第 5 装甲集团军和意大利第 1 集团军，共 17 个师（德国 7 个师、意大利 10 个师）另 2 个旅。轴心国军队的防区是以 160 公里长的一连串防卫哨所连接起来的一个总桥头堡。它由包括突尼斯和比塞大在内的两个环形阵地构成，从比塞大以西约 32 公里的海岸延伸到东海岸的昂菲达维尔，分为北、中、南 3 个防区，各由 1 个师防守，防守该桥头堡的德意兵力最后增至 25 万人以上。轴心国和同盟国分别加大了对突尼斯的重视力度。

1943 年初，根据卡萨布兰卡会议同盟国做出的攻占突尼斯领土、结束非洲战役的决定，会议任命艾森豪威尔将军为盟军地中海最高统帅部司令；英国亚历山大将军任副总司令，负责地面作战指挥；英国空军中将阿瑟·特德任地中海战区盟军空军总司令；英国海军上将坎宁安任地中海盟军海军总司令。四位将军汇集一地，各施策略，展露拳脚，使突尼斯之战更具精彩性。

参加突尼斯战役的盟军兵力是第 18 集团军群，亚历山大将军兼任司令，下辖英国第 1、第 8 集团军和美国第 2 军，共 18 个师

（12 个英国师、4 个美国师、2 个法国师）另 2 个旅。由盟国地中海舰队（近百艘军舰）及 3241 架作战飞机支援作战。战役计划是，英国第 8 集团军在滨海方向上沿马里斯公路实施主要突击，并积极配合美军第 2 军歼灭意大利第 1 集团军的基本兵力；尔后全部盟军迅速向突尼斯市发动进攻。同时美第 2 军向米克纳西和加贝斯湾方向实施辅助突击，转向意第 1 集团军后方并切断其退路，再予以歼灭。

1943 年 2 月，隆美尔军队在英国第 8 集团军的穷追猛打下，退守至突尼斯的马里斯防线。第 8 集团军则开抵马里斯以南数英里的梅德宁。德军趁英军尚未立稳脚跟，抓住有利时机于 2 月 14 日在卡塞林隘口打败美国第 2 军的部队。然后，在 3 月 6 日至 7 日又乘机袭击了梅德宁的英国第 8 集团军，结果反被早有准备的英军打败，损失 52 辆坦克，被迫撤回防线。（此后，隆美尔应召回国，阿尼姆上将接任隆美尔的非洲集团军群司令一职。）

1943 年 3 月中旬，盟军重新调整部署恢复在突尼斯的攻势。3 月 17 日，美军第 2 军（新任军长巴顿将军，后为布莱德雷将军）在航空火力和炮火准备之后转入进攻，经过几天的奋战。20 日，顺利突入米克纳西地区，成功地牵制了德军第 10 装甲师。同日夜，英国第 8 集团军开始进攻突尼斯南面的门户——马里斯防线，以便歼灭意大利第 1 集团军，同英国第 1 集团军会合。

3 月 20 日晚，英军右翼第 30 军在靠近海岸的狭窄沼泽地区首先发起强攻，但并没有取得很大突破，仅在对方防线打开一个很浅的缺口。次日夜得到增援后，英军重新发动进攻，桥头堡稍有扩大。由于反坦克炮受沼泽地及地雷阻滞，未能跟进，英军前沿步兵阵地在没有充分支援的情况下被德军的反击所摧毁。战斗开始 2 天后，英军正面进攻失败，撤回出发阵地。鉴于初战失利，蒙哥马利对原计划作了相应调整，将作战重点移到内陆侧翼。为此，英军第 10 军及第 1 装甲师于 23 日夜穿越沙漠去增援受阻于普卢姆山峡的新西兰军。同时，印度第 4 师从梅德宁向内陆侧面挺进，加强对德、意军侧翼的威胁，并开辟另一条冲击线。新计划代号为“增压 2 号”。增援部队到达后，英军左翼即于 26 日下午 4 时在空中轰炸的掩护下发起闪电攻击，德、意军试图调动其预备部队阻挡英军左翼的猛烈进攻，但为时已晚。在被合围的威胁下，守军被迫向北撤往瓦迪阿卡里特。3 月 28 日上午 9 时，英军完全占领马里斯防线，通往突尼斯的道路遂被打通。

4 月 7 日，英国第 8 集团军开始进攻退守至瓦迪阿卡里特防区的意大利第 1 集团军，并于同日与美国第 2 军先头部队会师，将德、意军重重包围。轴心国军队选择了放弃阵地继续北撤。4 月 13 日，意大利第 1 集团军撤至轴心国在突尼斯的最后一道防线昂菲达维尔—蓬德法斯一线。至此，德、意非洲集团军群在突尼斯东北部只保留一个南北长 130 公里、东西宽 60 公里的桥头阵地。次日，英军第 8 集团军开抵昂菲达维尔防线。4 月 20 日，盟军在突尼斯展开非洲战役最后阶段的进攻，从南面和西面向突尼斯和比塞大方向同时实施突击，占领了重要据点。5 月 6 日，英国第 1 集团军在强大的航空兵火力支援下，在突尼斯西线对德国第 5 装甲集团军发动决定性进攻，突破德军防线，将其残部分割为两部。7 日，盟军

■ 英军第 8 集团军在风笛手引导下，穿过利比亚边境进入突尼斯。

占领突尼斯市和比塞大，此后，继续向海边进军。轴心国部队撤入邦角半岛，因受到同盟国海军的海上封锁，德、意军面临着进退两难的境界，无力防御。5 月 12 日，盟军彻底歼灭轴心国残余部队，德意军总司令阿尼姆被俘。13 日晨，意大利第 1 集团军投降，北非作战全部结束。轴心国被俘的人数约 27. 5 万人（一半以上是德军），被同盟国的飞机、水面舰艇和潜艇击沉的轴心国的舰艇达 43. 3 万吨。盟军伤亡 7 万余人。

经过浴血奋战，轴心国在非洲战场总计损失 95 万人，损失舰艇 240 万吨、飞机 8000 架、火炮 6200 门、坦克 2500 辆、车辆 7 万辆。同盟国伤亡约 26 万人，其中英军 22 万人、法军 2 万人、美军 1. 9 万人。战争是残酷的，有战争的地方，必有人牺牲，这是不可避免的。同盟国占领北非，从根本上改变了地中海的形势，为尔后在意大利西西里岛登陆创造了有利条件。

第五篇
千里大溃逃

为了不给隆美尔喘息之机，蒙哥马利率领士气正旺的第 8 集团军对其展开了猛烈追击。然而，令人惊奇的是，狡猾的隆美尔每次都能找到机会快速地逃脱。气恼的蒙哥马利决定从大漠中直插隆美尔的必经之路——扎维尔，无奈之下，被逼上绝路的隆美尔只好悲伤地告别了那块曾给过他无限荣耀的土地——利比亚。随着美军在北非的成功登陆，非洲军团的日子更加艰难，连战皆败的命运终于迫使这支队伍以极不光彩的方式退出了历史舞台。

一、千里追捕

充满障碍的班加西

1940年9月以来的北非沙漠战争像一场奇怪的翻筋斗竞赛，双方都曾几度大踏步进退。英国的弗朗西斯图克少将在《班加西障碍》诗作中写道：

我们每年都去跨越“班加西障碍”，
可每年都被迫返回，
每年都重复着同样愚蠢的错误。
在陡峭的障碍前，
我们像匹疲乏的马儿，
奋力跃起，
却被障碍物重重弹回，
四蹄乱踢，绝望地挣扎着倒下。
我们从马上摔下，
遍体伤痕，
踉踉跄跄，
沿着壕沟返回托布鲁克。

“班加西障碍”使英军担惊受怕，也困扰着他们的司令官蒙哥马利。蒙哥马利在阿拉曼决战胜利后，不是集中兵力追歼隆美尔的残兵败将，而是过于担心重蹈前任的覆辙。他常常暗诵著名军事理论家克劳塞维茨的那句名言：“伟大的统帅和久经战争锻炼的军队的退却，往往像一只受了伤的狮子退去一样。”在蒙哥马利的心目中，隆美尔就是这样的统帅，他的军队就是这样的军队。蒙哥马利振振有词地说：“正像一位军官对我说的那样，‘我们过去常到班加西度圣诞节，然后回埃及过新年’。我决心要让这种事情不再发生。”

然而，阿拉曼决战失败后的隆美尔已不是只受伤的狮子，而成了一只惊弓之鸟。他的部队没有在富卡防线立足，接着逃往马特鲁。他的坦克损失殆尽，大炮所剩无几，给养状况岌岌可危。11月6日曾有5000吨汽油运到了班加西港，但离马特鲁尚有1100公里之遥。往西200余公里的托布鲁克虽贮存着7000吨弹药，但这中间却隔着索卢姆和哈勒法山的高岭险隘。

7日晚，隆美尔断然从马特鲁港撤退到锡迪巴腊尼，稍作抵抗，便沿海滨公路通过哈勒法隘道撤往利埃边境。一路上车辆拥挤不堪，队伍拖长达50公里，遭到英国轰炸机的频繁轰炸。但因交通管制得好，至8日晚上大多数车辆通过了隘道。

蒙哥马利经常利用暴雨为自己辩护。他在写给布鲁克的一封信中写道：“……一场大雨救了他（指隆美尔）。当我差不多已到达马特鲁港并且很快就要攻击他的运输车辆时，滂沱大雨把沙漠变成了一个大泥塘……”但这是不能令人信服的，因为大雨给双方军队都带来了困难，德意部队吃了同样的苦头。隆美尔说道：“这时下起滂沱大雨来了，使许多条道路都不能通行，迫使我们几乎完全依靠海滨公路，从而使许多地点的交通拥挤不堪。”英国的利德尔·哈特对蒙哥马利的辩护持有异议。他写道：

> 只要分析一下，就看得出，在下雨前英军早已失去了大好机会——这是因为行动距离太近，因为过分谨慎小心，因为时间观念太差，因为不愿夜间行军，因为过分集中注意作战而忘掉乘胜追击的基本要求。如果更深入沙漠追击，到达索卢姆的陡峭悬崖那样一个更远的封锁点，那就不会因敌军抵抗或天气

缘故而遭到被阻击的风险——因为在沿海地带下雨可能带来风险，在内陆沙漠却难得下雨。

这番评论是很有道理的。

蒙哥马利是个谨慎过度的将领，喜欢一字一板、按部就班地干。在那些日子里，“均衡”和后勤方面的正统观念妨碍而不是促进他采取大胆果敢的追击行动。

在马特鲁港，蒙哥马利险些遇难。他和一小队护卫人员在先遣队的后面进行，他们的前面，包括蒙哥马利的继子迪克·卡弗在内的一个侦察小组，顺着公路前往马特鲁港以东的海岸为作战指挥部选择驻地去了。很不幸，这个侦察小组被一支德军后卫部队俘虏了。若不是蒙哥马利的小队因一场小遭遇战而停止前进的话，他很可能随同他的继子一起进了德军的俘虏营。

这次遇险在蒙哥马利心理上投下很重的阴影，对隆美尔这个善于防守反击的对手，他愈发小心对付了。

加快撤退步伐

当蒙哥马利指挥第 8 集团军正在肃清马特鲁港的残敌的时候，11 月 8 日传来了他一直翘首以盼的喜讯——“火炬”战役开始了。尽管他早就知道盟军将在西北非登陆，但当“火炬”真的点燃起来时，他还是将其视为冬天的惊雷和燎原之火。现在可以对北非的德意部队实行夹击了。

蒙哥马利正在布置一把张开的夹子，想把“沙漠之狐”隆美尔活活夹死。可是从他的布置看似乎又不是这样子，他的夹子张得太迟，伸得太短。每次要合围时，“沙漠之狐”都早溜之大吉。后世的批评家们批评说，蒙哥马利只是想把隆美尔驱赶到突尼斯，而不是想尽快将其就地或在较近的地方歼灭。这种批评未免有失偏颇，蒙哥马利当然想尽快歼灭隆美尔的部队，但他的布置过于笨拙，不善于打歼灭战。他一次次丧失了歼灭战的良机。

蒙哥马利本人在《阿拉曼到桑布尔河》一书中陈述了自己的作战原则：“我并不认为隆美尔所遭受的失败可以担保他不再次入

侵埃及。自我们从阿拉曼开始追击起，我就十分重视这个问题。我打算在一系列选定区域驻守一支部队来保持本集团军的战略力量对比，以保证在任何局部失败或遭到突然袭击的情况下都不会让敌人占据重大优势。”

11 月 8 日，隆美尔在埃及利比亚边境地带，与他的副官伯尔恩德相遇。伯尔恩德曾奉隆美尔之命于 11 月 4 日前往德国晋见希特勒，伯尔恩德带来了希特勒的重要命令：“唯一要做的事就是在非洲的某个地方重新建立新防线。”希特勒答应让隆美尔的装甲集团恢复元气，重整旗鼓。隆美尔将得到最近生产的主要新式武器，其中包括具有大杀伤力的 88 毫米大炮和 41 型高射炮，还有新出厂的十几辆巨型坦克、新式 4 型坦克和虎式坦克，每辆均有 60 吨重。

隆美尔稍稍受到点鼓舞，但来自北非西海岸的惊雷顿时使他丧魂落魄。仅仅一小时后，他获悉，一支庞大的盟军部队在阿尔及利亚和摩洛哥登陆。隆美尔立刻意识到，这支精锐的敌军将从另一方面向他逼来，而他却没有轴心国其他部队掩护。这时，他感到建立一个立足点已无指望，看来只能撤出非洲了。他立即发电凯塞林和意军总参谋长卡瓦利诺，要他们前来面商北非战局，但两人都没有来。

隆美尔的一位副官在日记中概括了隆美尔现在的意图：“罗马显然相信能够守住托布鲁克。照总司令看来，敌军将从内陆向我们包抄，几天之内残余的部队势必被围歼。总司令坚持认为，靠我们的残余部队和为数不多的武器是不可能守住昔兰尼加的。我们必须立刻着手从昔兰尼加撤退。加扎拉防线于我们毫无帮助，我军很快就会遭到夹击包围。我们从一开始就该后撤到卜雷加一线，在那条防线的后方或许能有喘息的机会……部队若不能大规模地休整，不能设置一条防线阻住从西面向我们推进的敌军，总司令认为最好的办法就是撤至昔兰尼加的群山之中，形成守势，然后再用潜艇、小船、飞机在夜间尽量把大批训练有素的士兵运回欧洲投入其他战场。”

但这是希特勒绝对不能允许的。采取隆美尔的建议，非洲完全丢掉，意大利独裁者墨索里尼就会垮台，那同盟国就会从南面对德国形成包围。所以希特勒迅速派兵抢占突尼斯，并严令隆美尔在适当地方建立新防线。墨索里尼也要隆美尔这样做。

隆美尔感到心灰意冷，11 月 13 日他愤然对身边的人说："但愿我是柏林的报社老板，这样我就可以每夜安然入睡，毋宁承担眼下的责任。"他不管希特勒和墨索里尼的命令如何，加速撤退，不发一枪一弹就放弃了利埃边界的哈勒法隘口乃至托布鲁克，并继续西撤。

此时隆美尔的燃油十分缺乏。11 月 17 日黎明，运送燃油的德国商船"汉斯阿尔普"号被英国潜艇击沉。凯塞林想方设法空运了 80 吨汽油给隆美尔，这样他才逃出班加西。

在利比亚北部重要的港口城市阿杰达比亚，隆美尔的部队再次发生了燃油危机。凯塞林电告说："现在你已越出我们的航程，空投汽油已不可能。"隆美尔绝望地躺在他的指挥车里，雨点不停地敲打着车顶，他不知所措，11 月 21 日痛苦万分地写道："不敢期望我们的命运有什么好转，除非出现奇迹。"奇迹还真的出现了。一位空军侦察人员发现从阿格拉到卜雷加一带的海岸边漂浮着成千的箱子和油桶，这是遭鱼雷袭击的"汉斯阿尔普"号油船上的货物。隆美尔闻之大喜，大叫道："真他妈的天无绝人之路，赶快下海打捞上来！"靠了这点劫后残存的燃油，这只"沙漠之狐"于 23 日安然无恙地撤出了阿杰达比亚，把装甲集团军带到卜雷加一线。这样他在没有遭受重大损失的情况下从阿拉曼后撤了 1300 公里。

卜雷加战役

从严格意义上来说，卜雷加战役算不上什么战役，因为当蒙哥马利发动总攻时，隆美尔又溜掉了。

卜雷加在阿盖拉以东不远处，隆美尔的部队驻足卜雷加后，蒙哥马利就准备了一个"就地消灭敌人"的作战计划——一面发动正面猛攻，压住隆美尔，一面派出一支强大部队作远程迂回侧击，以堵截隆美尔的退路。为了作好准备，蒙哥马利的部队在卜雷加德意军防线前停了两个星期，以等待增援和供应。正面进攻定于 12 月 14 日，正面进攻由第 51 高地师等部进行，执行迂回任务的是新西兰师，该战的关键取决于该师的推进速度和能否截断隆美尔部队的退路。

到达卜雷加防线后，隆美尔对该地随即进行了视察。这一带他并不太陌生，1941 年的冬季血战中，他在奥钦莱克指挥的英军压迫下被迫从托布鲁克撤退到卜雷加及稍后的阿盖拉一带，接着他在 1942 年初瞅准时机猛扑过去，迫使英军退到加扎拉一线。1942 年 5 月他又一个猛烈攻势突破英军防线，尾随败退的英军直至阿拉曼，几乎叩开开罗大门。然而物换星移，时过境迁，现在对面的英军占有压倒性的优势，北非西海岸的英美部队又威胁着他的后路。隆美尔抚今追昔，感慨万端。现在不要说再来次漂亮的反攻，能否守住当前的防线都还是个未知数呢！

隆美尔视察后很快得出结论：卜雷加防线非久留之地。这条防线长达 160 公里，是阿拉曼防线的 1.5 倍。阿拉曼防线有近 50 万颗地雷，有机动部队和重型武器装备，而现在只有 3.2 万颗地雷，没有机动部队可以抵挡敌军的迂回包抄，部队的重型武器和反坦克炮损失殆尽，要守住卜雷加防线谈何容易。

隆美尔把自己的结论迅速上报德国和意大利的最高当局，但墨索里尼命令他坚守在那里，希特勒也赞同这一主张，并要隆美尔再次服从意大利巴斯蒂柯元帅的指挥。隆美尔使出浑身解数，千方百计想说服希特勒和墨索里尼改变决定。

11 月 24 日，隆美尔、凯塞林、卡瓦利诺和巴斯蒂柯四位元帅召开了一次三小时会议。隆美尔争辩说："我现在仅有 35 辆坦克和 57 门反坦克炮，而蒙哥马利手中却拥有 420 辆坦克和 300 辆装甲车，这个仗怎么打？"

卡瓦利诺身为意军总参谋长，以命令的口气说："领袖和元首要你坚守卜雷加防线！"

隆美尔苦笑了一下："既然这样，我再说也徒劳无益。但我要提醒一句，要是卜雷加防线失守，那在的黎波里前面就没有任何力量进行抵抗了。"

的黎波里在卜雷加以西 1000 余公里，是意大利在北非殖民地的重要港口，是意大利人的命根子。隆美尔此言一出，卡瓦利诺和巴斯蒂柯都僵住了，半天说不出一句话。

凯塞林连忙打圆场："我们十分钦佩你从阿拉曼的撤退，在一条1300公里长的路上拉回一支庞大的部队，就连敌军也无法阻挡住，这在战争史上是空前的。"

隆美尔不耐烦地回答说："那又有什么用！假如在一两天里敌人在这条战线上缠住我军，然后以强大兵力迂回夹击，我该怎么办？"他的话无人对答。

隆美尔对无休止的争论厌倦至极。11月29日他擅自飞往德国面见希特勒，当下午5点他走进希特勒大本营的会议室时，希特勒惊得目瞪口呆，劈头便问："你没有我的允许，怎敢擅离职守?!"

当隆美尔开始详尽汇报他的军队所处的困境和卜雷加防线的不利，以及意大利人的后勤组织如何低效无能时，希特勒不耐烦地打断了他：

"你手头还有多少人？"他问。

隆美尔说："大约六七万人。"

"英军进攻时当时你有多少人？"

"八万二千人。"

"看起来，"希特勒指出，"你并没有遭到什么严重损失。"

隆美尔争辩说："可我们的武器几乎都丧失了，成千上万的士兵甚至连支步枪都没有。"

希特勒大声叫道："那是因为他们把枪都扔掉了。"

隆美尔也抬高了嗓门："非洲已无法固守，唯一能做的事是尽量把德军撤出非洲。"

隆美尔关于撤退的话犹如火花飞进了炸药桶。希特勒尖声喊道："你提出的建议和我的那些将军们去年冬所提的完全是一码事。他们要求退到德国边境，我拒绝这样做，事实证明我做对了。我不允许这样的戏在非洲重演。我们之所以必须在非洲保留一个大的桥头堡，是因为它有着十分重要的政治原因。假如我们丢掉了北非，就会对意大利产生严重影响，因此放弃的黎波里是绝对提不到议事日程上来的。"

晚上8时，隆美尔垂头丧气地走出希特勒的司令部。不一会儿就登上了纳粹德国第二号人物戈林的专列。他和戈林将前往罗马与墨索里尼商谈。在慕尼黑，隆美尔的妻子露西上了火车，两人窃窃私语。露西发现，隆美尔的精神已近崩溃。隆美尔告诉她，北非之战已输定了。

11 月 30 日下午隆美尔在罗马参加了由墨索里尼召开的作战会议。会上又是一阵急风暴雨般的争吵，最后总算达成协议。墨索里尼决定，只有隆美尔在确信蒙哥马利即将进攻卜雷加的情况下，才允许他撤到的黎波里以东 360 公里的布厄艾特一线。

12 月 2 日清晨，隆美尔飞回利比亚，此时他心力交瘁。与希特勒的会见使他绝望，相比之下他觉得墨索里尼比较讲道理。一回到卜雷加，隆美尔就急于搜集燃油，部署撤退。他亲自飞往布厄艾特，从空中视察地形和安排撤退道路。从 12 月 6 日起，意大利步兵部队先行撤出卜雷加。随后的日子里，隆美尔便待在司令部里，期待着蒙哥马利的坦克大冲锋。他要趁蒙哥马利集结好部队，准备最后一击的时刻把自己剩下的部队一下子拉走。

正当隆美尔全力争取允许撤退的命令时，蒙哥马利却抽时间飞往开罗度周末去了。他去看望了中东总司令亚历山大，购置了一些新衣服，去参加大教堂星期日的早礼拜。当蒙哥马利从开罗返回后，发现隆美尔有撤退迹象。为防止这位狡猾的狐狸不打一仗就溜掉，蒙哥马利决定提前发起进攻。他下令第 51 高地师从 11 日晚上就对卜雷加主阵地进行猛烈袭击，企图吸引住隆美尔的部队，全面攻击仍定于 14 日进行。担任迂回任务的新西兰师从卜雷加防线南端绕过去，要前伸 360 公里，并于 12 日开始攻击，但是许多事情都出了差错。

英军的正面进攻一开始，隆美尔就撤出了卜雷加防线。英军的炮火还在拼命轰击，但 12 日冲上来一看，阵地上已空荡荡，鸟儿又一次拍翅飞去。隆美尔在自己的战时文件中写道："这位英国指挥官的作战计划中包含着一个错误。经验应当使他懂得，我们是不可能在卜雷加应战的。因此，在英军实施翼侧包围的部队完成调动并能沿海岸公路推进以便与正面攻击协调以前，他是不应当轰击我们的据点和攻击我们的防线的。"

艰辛的溃逃

隆美尔的部队撤到了布厄艾特防线。他刚到该防线，就声称此防线南部地带经不住迂回夹击，必须撤到的黎波里正东的霍姆斯防线。

墨索里尼得知此事后，12 月 19 日亲自发来电报："要尽力抵抗。我再重复一遍，要用布厄艾特防线上的全体德意部队进行抵抗!"

英军截获了墨索里尼的电报，这正中蒙哥马利的下怀。他的计划很简单：粉碎敌军在布厄艾特的防御，然后向前挺进直抵的黎波里。

蒙哥马利的突破计划拟于 1943 年 1 月 15 日执行。由第 30 军进攻，其第 50 师和第 51 师沿海岸进攻，其第 7 装甲师和新西兰第 2 师则迂回隆美尔防御阵地的南翼，然后径直向的黎波里推进。蒙哥马利计划打一场短时间的战役，要求整个战役 10 天内结束。为了集结雄厚的装甲突击力量，蒙哥马利把在后方的第 1 装甲师的坦克全部调上来，共集结了 450 辆坦克。此时，蒙哥马利的后勤补给线已拖得很长，他不得不下很大的力气组织后勤供应。1943 年 1 月初，一连几次大风摧毁了后方重要港口班加西港的防波堤，许多船只或者沉没，或者遭到严重损坏。后来由于采取了各种补救措施，终于改善了后勤供应。

隆美尔方面则积极争取撤出布厄艾特防线。12 月 31 日，鉴于当时的形势，罗马当局同意：只要非洲装甲集团军受到被歼的威胁，可以边打边撤，但至少要坚持 3 个星期，以便意大利人彻底破坏的黎波里。

1 月 15 日，蒙哥马利按计划发起了进攻。隆美尔命令第 15 装甲师动用为数不多的几辆坦克断后，其余加速撤退。第一天向后撤了 65 公里，第二天夜里又撤了 80 公里。这样隆美尔在开战后的两三天时间里便到达了墨索里尼指望他三个星期后才准到达的霍姆斯新防线。

霍姆斯防线是的黎波里前面的最后一道防线，但这里没有作任何防御准备，英军紧跟而来。1 月 19 日，隆美尔用望远镜向英军掀起的滚滚尘埃望去，数着英军坦克的数量，共有 200 多辆。凄惨的绝望再次攫住他的心，隆美尔以炮火遏制了英军的坦克冲锋。当他得知英军的一支迂回部队正向他的后面开来时，于当日夜间又下令撤出霍姆斯一线，这就等于宣布放弃了的黎波里。

的黎波里是意大利在北非殖民地的首府，这里有豪华的商埠和良好的港口。1941 年 2 月隆美尔率领的非洲军就是在这里下船登上北非的土地的。当时一败涂地的意大利人把隆美尔的部队视为救星，举行了盛大欢迎仪式。隆美尔在的黎波里城的大街上举行了虚张声势的阅兵式，然后雄赳赳气昂昂向东开去，迎击英军。现在他却要将其拱手送给英国人了。

■ 放弃的黎波里逃跑时，德军军官们为了避免拍照，用手遮住脸部。

蒙哥马利从截获的电文中已推断出德军将放弃的黎波里。1 月 20 日他取消了原定作战计划，令主力部队沿滨海公路径直发动主要攻击。

意大利人手忙脚乱地着手炸毁的黎波里的各种设施和弹药库，震耳欲聋的爆炸声整夜响彻着这座城市。1 月 23 日，蒙哥马利的先头部队第 11 轻骑兵师、第 50 皇家坦克团以及第 1 高地师就进入了的黎波里，未能及时销毁或运走的成千吨军用物资一起落入了蒙哥马利手中。当天中午蒙哥马利在该城接受了未来得及撤走的意大利军政人员的投降。

1 月 25 日，隆美尔的装甲集团军进入突尼斯南部。次日凌晨 5 时 59 分，隆美尔的车子冒着倾盆大雨驶过边境进入突尼斯。6 小时后，他走进了装甲集团军在突尼斯新设的司令部。别了，利比亚！这个他曾经赢得胜利的舞台；别了，埋葬着 1 万余名德意将士的墓地。曾几何时，他在这里登上了军事“金字塔”的顶端，顷刻间一切都“樯橹灰飞烟灭”。

蒙哥马利进入的黎波里，立刻令部队着手恢复港口的吞吐能力。港口的入口处完全为沉没的船只堵塞，航道上水雷密布，清理工作十分繁重复杂。但由于英第 8 集团军和英海军的共同努力，英第一艘船于 2 月 3 日驶入港口，第一个护航队于 2 月 9 日到达。2 月 10 日，的黎波里港的日卸货量就超过了 2000 吨。此时英军从埃及至前线的补给线已长达 2400 公里，但由于的黎波里港口的迅速恢复使用，后勤供应状况大大改善。

此时在中东的丘吉尔首相于 2 月初从开罗飞往的黎波里，蒙哥马利到机场亲自迎接。英第 8 集团军情绪高昂，在的黎波里华丽的街道上举行了雄伟壮观的入城仪式，第 51 高地师的管乐队高奏凯歌走在最前列，随后又举行了盛大的阅兵式。丘吉尔兴高采烈，不停地向久经沙场的将士们挥手致意。当他来到蒙哥马利的野战司令部时，向总部的 2000 名官兵发表了热情洋溢的演说。

随后蒙哥马利的先头部队抵达隆美尔的新防线——马里斯防线前，两军在这里对峙起来。

几个月里，蒙哥马利率英第 8 集团军前进了 2400 余公里，把隆美尔的装甲集团军从开罗大门前赶到了突尼斯，这是个了不起的胜利，是蒙哥马利的前任想做而没有做到的事。但人们对他仍有许多非议，责难他没能歼灭隆美尔的主力。的确，如果蒙哥马利在阿拉曼决战胜利之初采取大胆果敢的行动，本来可以在利埃边境上将隆美尔的部队聚歼的。假使后来他的迂回行动要是更迅速更深远的话，也有机会消灭隆美尔的。遗憾的是蒙哥马利过于谨小慎微，作战行动按部就班，使歼敌良机失之交臂。有一种说法认为蒙哥马利是有意识地这样干的，似乎他的目的就是驱赶而不是歼灭隆美尔。这完全是一种误解，与史实根本不符。蒙哥马利的作战计划明明是要歼灭隆美尔的，只是他不太善于指挥机动作战罢了。

隆美尔的确是一只狡猾透顶的“沙漠之狐”，是机动作战的行家里手。当他得知盟军在西北非登陆成功的消息后，立刻意识到轴心国丢失北非只是早晚的事情了。在他看来，虽可抵抗一时，又能怎样呢？于是他顶住重重压力，坚决撤入突尼斯，一次次逃出了蒙哥马利将要收紧的夹子，在濒临绝境中避免了被歼的厄运。遁入突尼斯，与在当地的德意部队合在一起，尚可坚持一段时间。其实，在希特勒心目中，丢掉北非也是早晚之事了。他之所以抢占突尼斯是为了在北非保留一个立足点，稳住意大利。北非一丢，失去屏障的意大利就可能退出轴心，意大利站到反法西斯同盟方面，德国南部就暴露在英美部队的炮口之下，这是一个可怕的连锁反应链条。希特勒想千方百计阻止这种事情发生，但大势所趋，他的挣扎只是延缓了盟国的战争进程而已。

二、铁钳在合拢

进攻被阻击

当蒙哥马利对隆美尔进行千里追捕时，艾森豪威尔正指挥盟军加紧向突尼斯推进。

盟军在西北非登陆成功后，轴心国在非洲所占据的最重要港口是滨泽特、突尼斯，其次是远处于南部的加贝斯，在的黎波里攻下前，它虽然是个良港，但轴心国的船只驶往那里，几乎要在马耳他岛英国航空兵和海军鼻子底下经过，因而已不起太大作用，所以艾森豪威尔的注意力集中在突尼斯北部。盟军如能迅速占领突尼斯城和滨泽特，非洲的轴心国部队就几乎被切断了海上补给线和退路，那么其全军覆灭也就指日可待了。

因此，艾森豪威尔把迅速抢占突尼斯北部视为主要战略目标，让英国的安德森将军率第 1 集团军从阿尔及尔迅速向东进发。

安德森将军及其部队几乎全是英国人，二话不说就接受了这项艰巨的任务。登陆刚成功，他便于 11 月 11 日率领部队从陆、海两路向东疾进，相继占领了季杰利、菲利普维尔和波尼三个港口，还深入内陆攻取了君士坦丁等地。然而，安德森的推进遇到了许多困难。

一是他的兵力太弱。由于缺乏船只无法从海上给他运来大批增援部队，艾森豪威尔曾令在奥兰登陆的美国部队抽出尽可能多的部队增援安德森，然而这个命令没有得到很好的理解和执行。结果，安德森只得凭借速度和勇敢执行他的任务。

二是天公不作美。安德森向东挺进不久，就遭到不合时令的大雨袭击，道路泥泞难行。仓促建起的临时机场跑道多不能使用，空军无法提供有力的空中支援。安德森的部队一连数日在孤立无援中艰难推进，并与希特勒派来抢占突尼斯的轴心国地面部队第一次发生了遭遇战。

艾森豪威尔于 11 月下旬将司令部从直布罗陀迅速迁往阿尔及尔，随之动身前往前线。此时轴心国空军掌握着战场制空权。艾森豪威尔沿途发现，盟军前线部队时刻都密切监视着空中，在和卡车驾驶员、工兵和炮兵交谈中，他不时听到这样的埋怨："我们那些不顾人死活的空军到哪里去了？为什么到处都是德国飞机？"到达安德森处，艾森豪威尔发现，由于严寒和污泥，一切军事行动只能在可怜的少数几条道路上进行，而道路实际上已支离破碎，物资和弹药的输送极为困难。

尽管如此，艾森豪威尔还是充满乐观情绪，决心拿下突尼斯城作为给美国人民的新年献礼。他说："这是一场大赌博，赢家会得到一笔可观的收入，所以我们不顾一切，全力把战场上能使用的一切战斗人员完全调去支援安德森将军。”安德森将军信心十足，使艾森豪威尔头脑发热，他回到阿尔及尔后就给远在美国的马歇尔将军发了一份电报，自我夸耀了一番。

艾森豪威尔写道：“我眼下的目标就是要继续向前挺进，首先把敌人压回比塞大要塞，严密包围，尽量减少其进行突围或重大反攻的危险。然后，我想集中我军一切力量……给敌人狠狠一击，以此为最后决战作好充分准备。”

当这封电报于12月1日到达马歇尔手里时，前线的局势却正日益恶化。希特勒的第10装甲师偷偷开到了突尼斯，尼林将军全力以赴，为希特勒计划的一场反攻进行准备，不仅要把盟军赶出突尼斯，而且要把他们统统撵出新近在法属北非所夺取的据点。德军发动了一系列局部反攻，迫使安德森在突尼斯城前面的许多前沿阵地后撤。由于在一次局部撤退中所犯的错误，盟军失去了美国第2装甲师中B战斗群的大部分装备。美第1步兵师中的第18步兵队也遭到了严重损失，另外一个优秀的英国团的整整一个营几乎全军覆没。

12月3日晚9时15分，安德森将军突然闯进艾森豪威尔设在阿尔及尔圣乔治饭店的办公室，把真实情况而不是几天前描绘的情况告诉了艾森豪威尔。他毫不掩饰地说在突尼斯的部队看来已经到了“战斗力日益下降的地步”，使艾森豪威尔大吃一惊。安德森将军要求准许放弃达巴，这是个交通中心，艾森豪威尔当即拒绝。

艾森豪威尔没有掌握确切情况，就命令安德森再次发动进攻，攻击日定于12月24日。艾森豪威尔每天24小时忙于集结兵力，且认为只要天气好转，就会占领突尼斯东北部。但从前线传来的报告使人失望：天气不是好转，而是愈来愈坏。

艾森豪威尔22日驱车驶往前线，24日来到安德森的司令部。安德森绝望地说：“根据判断，大概六个星期之内别想发动进攻。”艾森豪威尔决定与安德森一起去视察部队，然后再作决定。

途中，艾森豪威尔碰到一起事件。在离公路大约10米远的一块冬小麦地里，有一辆摩托车陷在泥潭里。4个士兵正在设法把它抬起来，他们费尽九牛二虎之力，而摩托车却越陷越深，那几个士兵疲惫不堪地瘫坐在烂泥坑中。这不过是整个前线情况的一个缩影，它使艾森豪威尔确信进攻毫无胜利希望。

艾森豪威尔回到阿尔及尔的司令部后，便下令无限期推迟进攻。这真是一个迫不得已的决定，他在命令中要求安德森整顿和改善战线，把部队集结起来重新编队，在当地征集后备队，以保护盟军的南翼。至于抢占突尼斯北部则拖到 1943 年春季天气好转后再进行。德国人占领突尼斯已成定局，战争变得旷日持久，这就要求变速战速决的战略方针为稳打稳扎、步步为营。

突尼斯战役的失败使艾森豪威尔失去了信心，他昔日的那种乐天派情绪一扫而光。他心急如焚，加之患“活动期肺炎”，一下就病倒了，他发起高烧，眼睛下面烧起了大鼓泡。他的副官布彻回忆说，艾森豪威尔是这样心灰意懒，以致曾反复对人说：“谁想当盟军司令谁去当好了。”

在艾森豪威尔情绪低落的日子里，他的英国司机凯·萨默斯比小姐给他带来了最大的心灵慰藉。1941 年艾森豪威尔到英国后，对给他开车的楚楚动人的萨默斯比一见钟情。当时萨默斯比是英国汽车运输队的成员，她每天进进出出，除给将军开车外，还帮助将军守电话、处理信件和安排会议。艾森豪威尔觉得，盟军司令部，特别是他身边，有这样一位美貌活泼的女性，打破了他和妻子长期分离后的孤独和寂寞，给他的生活带来了乐趣。而萨默斯比时时刻刻都感觉到艾森豪威尔在关注她、体贴她，女性特有的心理满足使她更加活泼动人，更加洋溢青春的气息。

北非登陆不久，萨默斯比的未婚夫、美国西点军校毕业生理查德上尉在一次查看地雷场时不幸触雷牺牲。当艾森豪威尔把这个噩耗告诉她时，她大哭一场。艾森豪威尔把手搭在她的肩上，让她在沙发上坐下。“哭吧！”他说，“继续哭吧，除了哭还有什么办法呢。”

理查德牺牲后，艾森豪威尔和凯·萨默斯比的感情发展很快。当时战争正紧张进行，但爱情的闸门一旦打开就关不住了，两人狂热地拥抱、接吻，已陷入爱河难以自拔。

现在病中的艾森豪威尔有萨默斯比陪在身边，自然好多了。萨默斯比看着这位头发稀疏、戴着眼镜、面容消瘦而疲倦的中年人，她想把他搂在怀里，紧紧贴着他，使他高兴。她想躺在草坪上，让他的躯体压在她的身上，领会他眼睛里流露出来的深情。她恨不得大喊一声："上帝啊！我真的爱上了这个人。"

尽管当时他们如胶似漆，但却非常小心谨慎，以免遭受非议。可世界上没有不透风的墙，关于他们二人的流言，在伦敦、在华盛顿，可以说是满城风雨。但流言归流言，毕竟没有真凭实据。这个谜底是艾森豪威尔辞世后，萨默斯比在《难以忘怀——我和艾森豪威尔的恋爱故事》一书中揭开的，书中详尽地叙述了他们的恋爱过程，真是战地黄花分外香啊。

拒绝离场

1943 年 1 月，罗斯福、丘吉尔和盟军参谋长联合委员会成员在卡萨布兰卡会晤。罗斯福、丘吉尔及其顾问们看到的是更大的战略前景，会议始终洋溢着乐观情绪。突尼斯战役的暂时挫折只不过是其中一个小小的杂音而已。

在会议上，丘吉尔以其不衰的精力和雄辩的口才推销其边缘战略，其注意力仍然集中在地中海——撒丁岛或西西里岛，会议最后选定了西西里，丘吉尔为进攻西西里的计划取了个代号，叫"爱斯基摩人"行动，准备在拿下突尼斯后，以英第 8 集团军和一支美军部队执行这个计划。这支美军部队将被称为第 7 集团军，由巴顿将军指挥。巴顿正在摩洛哥悄悄准备作战计划。

关于当前正打得难解难分的突尼斯之战，会议决定，以英第 8 集团军和艾森豪威尔手下的英美部队集中全力打下突尼斯。关于战役指挥权，英国人处理得非常圆滑，他们没有指责艾森豪威尔，而只是指出，有必要在艾森豪威尔之下建立起一个较完善的指挥班子。英国人任命亚历山大为艾森豪威尔地面部队司令，任命特德为艾森豪威尔的空军司令，由于坎宁安已经是艾森豪威尔的海军司令，这就意味着英国人掌握了艾森豪威尔手下的陆、海、空军全部指挥大权。

艾森豪威尔只参加了一天会议，连一刻也不能多待。会后罗斯福单独召见了艾森豪威尔，罗斯福对轴心国部队在北非的总崩溃充满乐观情绪，并坚持要艾森豪威尔确定个日期。艾森豪威尔认为罗斯福过于乐观，便顺口说出了一个他在战争时期最不可思议的猜测。他说："5 月 15 日。"此后不久，他把这件事告诉亚历山大。亚历山大笑着说，在卡萨布兰卡会议上他也回答过丘吉尔同样的问题，他说的是"5 月 30 日"。

英第 8 集团军已经抵达马里斯防线前，蒙哥马利正抓紧准备，想一举突破隆美尔的这道防线。艾森豪威尔也抓紧对战线进行适当的部署，并改建机场和调运增援部队及物资。从南部的加夫萨一直延伸到左翼靠近丰杜克的漫长战线是最危险的地区，这里由美第 2 军防守。亚历山大暂时尚不能到达这一地区，艾森豪威尔只得亲自到这里来察看情形。当时总的形势是十分有利的，英第 8 集团军在东，艾森豪威尔指挥的盟军在西，已开始了密切的战役协同，形成东西对进之势。盟军最高司令部的改组也更加有利于指挥作战。

在马里斯防线站稳了脚跟后，隆美尔与已在突尼斯的德军指挥官阿尼姆共有 14 个师的兵力，其中有 3 个德军装甲师和 1 个意大利装甲师。轴心国部队处在内线，可以搞拿破仑式的双重出击，先击退一路盟军，再回过头来对付另一路，这就是军事家们常说的内线作战优势。

但是，轴心部队这种内线作战优势被紊乱的指挥体系破坏了。希特勒和墨索里尼决定将在非洲的德意部队组建成一个集团军群。本来隆美尔是最合适的集团军群司令，可意大利人对他的撤退十分不满，希特勒的参谋机构也反对隆美尔，结果 1943 年 1 月 26 日意大利最高统帅部发出一份电报给隆美尔，电报上说，鉴于他的健康状况不佳，由梅塞将军替换他。梅塞是意大利人，曾在苏德战场上指挥意大利远征军对苏军作战。

隆美尔对任命一位意大利将军接替他的职务深为不满。他也讨厌指挥突尼斯北部德意部队的阿尼姆将军。阿尼姆是德国贵族之后，将门之子，说话四平八稳，在军中毫无威信。隆美尔出身于一个中学校长之家，对贵族出身的将领有着本能的反感。阿尼姆比隆美尔年长三岁，可军衔却比隆美尔低，他对这位名声显赫的元帅是敬鬼神而远之。阿尼姆 1942 年 12 月就到了非洲，但是双方的作战参谋老死不相往来。这样，德军会师后其力量本应大大加强，但由于指挥关系不明和人事因素，其力量反而削弱了。

隆美尔按计划该告病离开战场，但他拒绝动身。他在等待德国最高统帅部的命令，而上面却听凭他自己作决定。隆美尔理直气壮地对身边的人说："我属于我的士兵，要是我早早确定离职的日子，过后几天要是事情出了差错，人们会谴责我事前没有准备，骂我趁平安无事的时候溜走。"实际上，隆美尔是在窥测战机，对英军或美军进行反击，以报仇雪耻和回敬意大利人和德国最高统帅部对他的种种责难。

疯狂的一击

隆美尔到达突尼斯后，之所以赖着不走，最重要的原因是想争取最后的机会。他在窥测战机。

1943 年 2 月 4 日，隆美尔巡视了前线。他发现"在最近的将来，有对加夫萨采取一次军事行动的可能"。加夫萨是块原有一万居民的沙漠绿洲，居民们住在那些掩映在棕榈树丛中光彩夺目的粉红色楼房里，现在成了艾森豪威尔准备进攻隆美尔的进攻中心。

隆美尔拟定了一个新的作战方案，准备在艾森豪威尔的部队和蒙哥马利第 8 集团军之间开拓中心阵地，目的是要首先从背后包抄袭击艾森豪威尔，然后掉头东向攻击蒙哥马利。这是一个大胆出色的作战计划，可是阿尼姆并不急于为实现隆美尔的计划而分散自己的兵力，他计划把第 10 装甲师从刚占领的费德山口推进到锡迪，以便巩固他在突尼斯"山脊"东面的山岳阵地。但两个计划不可能双管齐下，因此德国南线总司令凯塞林裁决阿尼姆的计划居先，隆美尔的计划在后。

锡迪和加夫萨均在盟军防线的南部。锡迪在北，加夫萨在南，两地的突破将形成一个钳形。可是，阿尼姆和隆美尔两人配合极不协调，两人还常常因为违抗德、意最高统帅部的命令而相互指责，纠缠不清。

艾森豪威尔的情报部门已获悉德意部队要发动一次大规模进

攻。他们知道，遭到东西夹击的德意部队像个特大的脓包，早晚是要鼓出来的，但究竟在何处鼓开，却不得而知。换言之，德意军的主攻方向选在哪里？艾森豪威尔的情报部门并不知道。

2月14日早晨6时，阿尼姆从费德对锡迪的进攻开始了。阿尼姆的副手齐格勒将军直接指挥这次进攻。第21装甲师同第10装甲师的分遣队从费德猛扑过来，第10装甲师的两个战斗群从费德山口迅猛进袭，企图夹击美第1装甲师的先遣队（A战斗群），第21装甲师的两个战斗群（每一个都以一个坦克营为核心）。激战至下午5时，美国A战斗群难以坚持，趁德军收紧包围圈以前撤出阵地，但装备损失很大，战场上到处是燃烧着的美军坦克。此战美军共损失40辆坦克、59辆半履带车和26门大炮。

2月15日晨，美军C战斗群机敏地发起反击。他们在一块开阔笔直的战线上向锡迪推进了20余公里。缺乏战斗经验的美军，事先没有经过必要的侦察，将成群的现代重型坦克排成阅兵场上的队形滚滚而来。它们一进入德军大炮射程，便遭到暴雨般炮弹的“洗礼”，德第10和第21装甲师两面夹击。战至黄昏，美军再次撤退，仅4辆坦克脱逃，又损失了54辆坦克、57辆半履带式车辆和29门大炮。

在阿尼姆的部队对美军发动进攻之前，隆美尔曾对指挥作战的齐格勒将军说：“美军没有实战经验，我们应该从一开始就使他们逐渐有种自卑感。要充分利用初战胜利的机会。”但齐格勒坚持等阿尼姆批准后再进军。直到2月17日，他才向美军集结地域斯贝特拉推进了40公里。此时，美军已将B战斗群从北部调过来，对德军进行了顽强抵抗。激战至黄昏，双方均损失惨重。美B战斗群开始边打边撤，这是根据安德森的命令进行总退却的一部分。德军终于进入斯贝特拉，又俘获了百余辆坦克和近3000名俘虏。

2月16日，当阿尼姆的部队正向斯贝特拉推进时，隆美尔像一只追逐猎物的狐狸，亲自动身前往加夫萨。沿途挤满了前进的坦克、汽车，他触景生情，感慨万端。自阿拉曼战役以来，他一直被蒙哥马利追着屁股打，现在复仇的机会到了。“让美国佬尝尝我隆美尔的厉害吧！”他心里想。

此时美军已撤出加夫萨，隆美尔指挥非洲装甲集团军迅猛推进。2月17日下午，据报告，美国人在卡塞林以西遥远的特贝萨正在炸毁燃料和弹药库，“这是美军神经紧张的明证”，隆美尔对身边的参谋人员喊道。

隆美尔热血沸腾，准备拼全力进行一场巨大的赌博。他想趁同盟军混乱之机，与阿尼姆的机械化部队发动一场联合攻势，直指特贝萨。他在给阿尼姆的电话中大声喊道：“向同盟国军主要运输线深入冲击，会迫使英美两军将部队大都撤回阿尔及利亚——这是同盟军司令官们目前最担心的前景！”

但阿尼姆没有隆美尔那种气魄和气质，无意进行大规模军事行动。更令隆美尔勃然大怒的是，阿尼姆竟将第10装甲师调走。2月18日上午，隆美尔急得发疯，在指挥部中不停地踱来踱去。最后他决定把自己的建议电告意大利最高统帅部——指望墨索里尼有心“得胜以支撑其在国内的政治地位”。隆美尔不愧为一只狡猾的“沙漠之狐”，暴怒中没有忘记利用墨索里尼的心理。墨索里尼丢掉在北非的老巢的黎波里后，迫切需要新的胜利安定国内人心，稳定其法西斯独裁统治。隆美尔在电文中向墨索里尼描绘了自己计划的“光辉前景”后提出：“倘若你们同意，我请求将第10和第21装甲师归我指挥，迅速向集结地域特勒普特·费里安亚行动。”

快近18日子夜时，罗马方面同意两个装甲师归隆美尔指挥，同样的命令也下达给了阿尼姆。但罗马的命令是妥协的产物，隆美尔被命令进攻的头一个目标不是特贝萨，而是塔莱和勒凯夫。在隆美尔看来，这一变动是“骇人听闻、难以置信的目光短浅的一着”，因为这意味着这次联合攻势“离敌人战线近得不能再近，势必使我们去攻打强大的敌人预备队”。

被任命为盟军副总司令的亚历山大将军于2月19日赶到突尼斯前线指挥作战。他写到：“总的形势远不能令人满意。英、美、法部队在前线，尤其是在南部，混杂在一起，完全失去了战斗队形。由于上面没有坚定不移的指示或统一的指挥，我们就没有战役方针和计划。”他早已命令安德森集中装甲部队保卫塔莱和勒凯夫。在亚历山大看来，隆美尔兵力有限，不可能进攻特贝萨以追求大的战略胜利，很可能进攻塔莱和勒凯夫以夺取直接的战术成果。亚历山大的错误判断，因意大利最高统帅部的决定而成真，从而变得对盟军有利。

英第6装甲师之第26装甲旅调到塔莱，还有刚开到的美第9步兵师的炮兵；英第6装甲师的步兵，即第1旅调来防守斯贝特拉正北面的斯比巴山坳，同美第1和第30步兵师的3个团级战斗群共同守卫。在特贝萨只有美第1装甲师的残部防守，力量十分薄弱。盟军的这一部署真可谓歪打正着。

2月19日凌晨2时30分，天空一片晦暗，阴沉欲雨。这是隆美尔的决定性一天。他的进攻开始了。非洲装甲集团军的先头部队带头穿越塔莱向勒凯夫进军，第21装甲师穿越斯比巴，顺着四通八达的公路指向勒凯夫。这样两路进攻部队可以相互支援。

隆美尔向北进攻，结果进入了盟军的一个关键性防御阵地卡塞林山口。据守在这里的是由斯塔克上校指挥的美英混合部队，他们顽强抵抗，将德军阻止。下午，盟军增援部队源源开到，使斯塔克的兵力兵器远远超过进攻的德军。但德军乘盟军增援部队新到，设法从几个据点渗透过去。与此同时，德第21装甲师在向斯比巴推进时，被地雷区和兵力强大的守军阻止。隆美尔决定夜间集中兵力强攻卡塞林山口，并打算将迟迟开到的第10装甲师也用在那里。直到此时，隆美尔才知道阿尼姆保留了该师半数的兵力和一营虎式坦克（24辆），开过来的只有1个坦克营、2个步兵营和1个摩托化步兵营。隆美尔大骂阿尼姆违抗命令，玩弄诡计，可又无可奈何，只得以现有的兵力兵器准备发动进攻。

直到2月20日下午，隆美尔才得以集中兵力攻打卡塞林山口。在离隘口3公里的地方，隆美尔设下他的流动司令部。他把所有的5个营的步兵都投入战斗，并下令使用新式的火箭发射装置。这种6管火箭发射架可以把80公斤的火箭炮弹射向6公里远的目标，杀伤弹在隘口两边阵地上的守军中爆炸，坚守的部队伤亡惨重，被迫弃关撤退。

占领山口后，隆美尔将侦察支队派至通往塔莱的公路，也派至通往特贝萨的岔路，其目的一是使盟军在调动预备队时陷入进退困难的处境，其二是试探是否有可能按照他原先的目标去占领美军在特贝萨的巨大补给品中心。美第2军军长弗雷登道尔20日上午命令B战斗群从最右侧转到塔莱，接着调它去扼守从卡塞林至特贝萨的岔路。与此同时，英第26装甲旅从塔莱向南推进，在离卡塞林山口约15公里处摆开阵势。

2月21日一大早，隆美尔驱车进入卡塞林山口的狭口地带视察大厮杀后的战场。人们为死者挖掘了坟墓。阿拉伯人则四处游荡，寻找战利品。隆美尔此时产生了一种茫然的感觉，起初他想固守原地，等待盟军夺回卡塞林山口的反攻。他发现盟军按兵不动，便令第10装甲师冲上通往塔莱的公路。英第26装甲旅在连绵的山脊上边打边退，傍晚该旅退入早已准备就绪的塔莱阵地。德军尾随不舍，狡诈地用一辆缴获的英制瓦伦丁坦克打头阵，英军不辨真伪，被德军钻了空子。德军冲入塔莱，击毁了不少英军车辆，双方又是一场混战。激战三小时后，德军的进攻势头终于被阻遏。

2月22日，隆美尔料想盟军不久就会发动一次较大规模的反攻。晨间，空中侦察表明，盟军大批增援部队已到达前线，而轴心国部队的左侧处境越来越危险，要进一步乘机穿过塔莱这条路，显然希望极小。前一天下午，非洲装甲集团军的另一支部队冲上了到特贝萨的岔路，旨在占领那里的几处山口，以掩护向塔莱推进的翼侧安全，但被高地上美军大炮发射的密集炮火阻止。美军在这里所显示的日益成熟的战术和他们的大炮百发百中，都给隆美尔留下深刻印象。隆美尔感到，他不可能再取得更大胜利了。

22日下午，德南线总司令凯塞林及其新任参谋长威斯特发尔上校驱车前来，发现隆美尔坐在指挥车里垂头丧气，正专注地倾听着雨点拍打着车顶的声音。无论他俩怎样劝慰，都不能改变他颓丧的心情。隆美尔坐在那里只是摇头，连身旁的电话铃响都没有听见。隆美尔坚持停止进攻，组织撤退。他说："继续向西进攻不会再取得什么好处，阿尼姆违抗军令，私自截留第10装甲师的兵力和虎式坦克，使进攻兵力不足。"隆美尔还把责任归咎于意大利最高统帅部："我建议进攻特贝萨的理由是这样做会使敌人措手不及，而且比进攻勒凯夫会取得更大的成功。他们根本就不懂得去冒经过深思熟虑的风险的意义。”凯塞林无奈，只得同意隆美尔的决定。根据计划，当天傍晚，轴心国部队奉命开始撤退，首先是向卡塞林山口后撤。

隆美尔之所以急于撤退，更重要的原因是要尽快回到东面的马里斯防线。蒙哥马利正在那里不断施加压力，隆美尔觉得跟美国人没有什么过不去的地方，他要亲自和蒙哥马利这个敌人中唯一占过他上风的将军算账。

当隆美尔组织撤退之时，盟军司令部的高级人员尚未察觉。美第2军军长弗雷登道尔指挥犹豫不决，安德森还在从防御的角度考虑问题。22日晚上，盟军在斯比巴的部队，因担心隆美尔可能在塔莱突破而威胁其后方，所以向北撤退了16公里。出于同样的理由，特贝萨的美军也在考虑撤退，甚至23日晨发现敌人从塔莱撤走后，还没有展开追击，直到当日深夜才发出25日总反攻的命令。而这时候，隆美尔的部队已通过卡塞林山口安全撤走了。

具有讽刺意味的是，2月23日罗马发布了一道命令，把轴心国在突尼斯的部队组成新的“非洲集团军群”，由隆美尔担任集团军群司令。而此时，隆美尔正在指挥撤退。

隆美尔的这次大规模反攻收获远远超过损失。隆美尔以伤亡千余人的代价打死美军300余人，俘4000人，击毁击伤盟军坦克200辆，缴获60余辆。艾森豪威尔的海军副官在2月23日的日记中直言不讳地承认：“骄横一时、不可一世的美国人今天蒙受了耻辱，这是历史上我们最惨的败仗之一，我看这已是众所周知的事实。与彬彬有礼、明白事理的英国人相比，更使我们‘确有羞愧之感’。”

这是艾森豪威尔在北非的第二次失败，几乎危及他的军事生涯。此次失败后，艾森豪威尔撤换了情报军官，打发美第2军军长弗雷登道尔卷起铺盖回家，任命乔治·巴顿将军任第2军军长，不久又任命奥马尔·N. 布莱德雷为第2军副军长。布莱德雷出身寒门，1915年从西点军校毕业，为人谨慎，制订作战计划周密，执行作战计划坚决，是个难得的将才。布莱德雷早在西点军校时就与艾森豪威尔认识，此次北非战事吃紧，马歇尔急调布莱德雷奔赴北非。

隆美尔的反攻标志着在突尼斯的战事一个阶段的结束。德军进攻的失败，使其失去了挽救败局的最后机会。

血溅梅德宁

蒙哥马利尾追隆美尔进入突尼斯，在德军马里斯防线对面占领了阵地。在的黎波里港完全恢复其吞吐能力前，蒙哥马利还无法将大批部队调往前线。因此，他一度忧心如焚，担心卡塞林战役一旦结束，隆美尔调头向东进攻之时，自己没有足够的防御力量。但不久，蒙哥马利的顾虑便消除了。

蒙哥马利抓紧时间进行防御准备。第 8 集团军已建立了一条从的黎波里延伸到前线的长达 300 公里的供应线，不仅足以保障两个军进攻的需要，而且在靠近前线的本加尔丹还建立了许多军需品仓库。

1943 年 2 月 28 日，蒙哥马利致电首相丘吉尔："我正在采取必要的行动，以便在我目前的阵地上同隆美尔作战。在我作好准备以恢复对他的进攻前，如果他竟企图干出肮脏的勾当，我就把他赶出去。"

通过"超级机密"提供的情报，蒙哥马利知道隆美尔要进攻的是梅德宁，遂加强了这一地区的防御力量，将英第 7 装甲师、英第 51 师和新西兰第 2 师调来布防。他已没有时间设置地雷区和铁丝网，但布下了数百门防坦克炮。

梅德宁阵地位于一个海湾里，新西兰第 2 师负责保卫梅德宁地区，英第 7 装甲师则在该师右翼作如下部署：步兵旅配置在前，第 8 和第 22 装甲旅在后梯次配置。英第 51 师扼守泽萨干河上约 20 公里长阵地。这样就建立了一条完整的防线。

蒙哥马利在梅德宁地区的防御与 6 个月前在哈勒法山口的防御基本相似。不同的是，哈勒法山口之战是在屡次失败后进行的，而梅德宁之战是在一连串胜利后展开的，官兵们的士气更加高昂；梅德宁之战英军占有更大的人力物力优势，反坦克炮火更强，部队装备了"野鸡"反坦克炮，炮座很低，能发射 17 磅重的反坦克炮弹，对德军坦克具有极大杀伤力。

到 3 月 6 日，蒙哥马利已拥有近 400 辆坦克、350 门大炮和 470 门反坦克炮。英军严阵以待，准备狠狠打击来犯的德意部队。

隆美尔在卡塞林之战后就悄悄调兵东向，但却受到多方面的牵制。虽然这时他已是非洲集团军群总司令，可阿尼姆仍背着他悄悄准备另一次进攻，并动用了第 21 装甲师的坦克。2 月 26 日，阿尼姆对在突尼斯北部的英第 5 军发动进攻，开始取得了一些进展，但不久即被阻止。阿尼姆的进攻伤亡 1000 余人，损失坦克 71 辆，而英军只损失坦克 16 辆。更糟糕的是，阿尼姆的失败的进攻，耽误了隆美尔拟用于对蒙哥马利发动进攻的那几个师。隆美尔得知阿尼姆的进攻计划时大吃一惊，并对凯塞林和意大林最高统帅部大发雷霆。3 月 3 日当隆美尔得知阿尼姆的进攻失败了时，他幸灾乐祸地对参谋们说："我早料到会如此。他们本该把坦克开到较南边的开阔地带作战，但他们却让坦克陷入北面狭窄的沼泽盆地。"

早在 2 月 28 日，隆美尔便在作战会议上破天荒地提出不采用惯用的"右肘弯击"战术，而建议来一次两面夹击：由德第 10 和第 21 装甲师从海岸附近的北线出击；由德第 15 装甲师及德第 164 轻装师一部从南线穿插出山，进攻梅德宁。隆美尔解释说，蒙哥马利再能干也只能料到来自北边的进攻。

他的建议使与会者哗然。一位反对者指出，他们在北线埋设了成千的地雷，"我们埋设的地雷有真有假，以防敌人取走。要是再将它们炸掉，就会事先警告敌人我们发起进攻了"。

意大利的梅塞将军提出一项相反的建议，他认为全部兵力应该穿越马特马泰山脊。隆美尔不赞成这个建议，理由是一旦汽油车和弹药车被敌机击中起火，就很容易堵塞狭窄的公路。会议争论了 5 小时依然没有形成作战方案，于是隆美尔把决定权下放给了他的部属梅塞、齐格勒和装甲师的指挥官们。这几个人共同选择了南面作为发动进攻的地点，这里虽然便于坦克开进，但英军反坦克炮也在这里严阵以待。这次进攻的代号为"卡普里"。用于进攻的第 10、第 15 和第 21 装甲师共有 160 辆坦克，比一个满员师本应拥有的还少，这是隆美尔所能拼凑起来的最大的力量，比蒙哥马利的防御力量弱得多。

3月5日，在“卡普里”战役打响的前夕，隆美尔向德国指挥官们讲了一通鼓舞士气的话，然后在下午两点沿蜿蜒曲折的山路前往713高地，从这个制高点可以看到25公里至30公里范围内的战斗情况。

3月6日清晨6时，薄雾缭绕，德意部队的进攻开始了，漫天飞舞的炮火穿透薄雾，把战场打扮得分外好看。德第15和第21装甲师从马特马泰山中滚滚开出，沿着梅德宁与图坚之间的公路摸索前进。德第10装甲师则从哈卢大隘口向梅德宁冲去。跟在三个装甲师后面的是浩浩荡荡的卡车运载的步兵。德意部队穿过空旷的平原，推进到离梅德宁约13公里的一座山脊上，在那里遭到蒙哥马利部署的反坦克炮的轰击。蒙哥马利不无夸张地写着：“隆美尔在黎明时开始向我进攻，他真是个大草包。我在那里布设了500门可以发射17磅重炮弹的反坦克炮，400辆坦克和占据着要冲的英勇善战的步兵，此外还有大批的重炮。这真是天赐的礼物。那家伙一定是疯了。”

英军的野战炮和中型炮向推进的德意部队进行了无情的轰击，反坦克炮则尽可能地直到最后一刻才开火。德意部队的冲击虽声势浩大，却苍白无力，没有突破英军任何阵地。他们的协同很差，已丧失了以往那常有的良好的军事素质和敢打敢冲的疯劲。到中午时，德意部队就向后撤退重新编组了。

重新编组后的进攻没有给他们带来任何好处。在上午遭到惨败后，3个装甲师的指挥官一起协商后决定，派步兵在坦克前推进，这是一种绝望的自杀式进攻，英军的雨点般的炮弹把步兵打得焦头烂额、抱头鼠窜，后面坦克的推进也被阻遏。

隆美尔自始至终都在713高地上观察战况。起初，薄雾挡住了视线，直到上午8时他才看到装甲部队的身影。中午时分，一指挥官前来报告：“这次进攻显然正中敌人的下怀。”隆美尔听后心中一惊，看来无法与蒙哥马利算账了。当隆美尔看到下午的进攻更糟糕时，便于傍晚断然取消了这次进攻。

实际上，3月6日隆美尔的进攻先后进行了四次，每次都在惨重损失下被击退。他共损失了52辆坦克、伤亡645人，却毫无所获。英军一辆坦克都没有损失，只伤亡 130 人。在梅德宁战役中，英军的反坦克炮发挥了威力，丘吉尔称赞说："这是史无前例的。"隆美尔遭到惨败，惨败的重要原因之一是作战计划的细节都被英军的"超级机密"破译了。

梅德宁之战后，蒙哥马利没有乘胜追击，而是全身心地投入对马里斯防线大规模进攻的准备中。

隆美尔在进攻梅德宁失败后立刻意识到：这次失败打破了他原来的幻想，即兵力和武器方面均处劣势的他，赶在两个敌人会师形成联合压力之前，就把其中一个打垮。这是拿破仑在对付反法联盟时惯用的战法，拿破仑运用这种战法以少胜多，多次大败对手。隆美尔想学拿破仑，在突尼斯对盟军也来个双重出击，可到头来全都"樯橹灰飞烟灭"。

在德国，约德尔于 3 月 4 日晚些时候向希特勒宣读了隆美尔的信。希特勒不由得联想起自 1942 年 11 月以来，隆美尔就撤至突尼斯的有利之处所许下的振振有辞的诺言。"这和他从前对我们讲的话简直大相径庭，"希特勒怒气冲冲地说，"他想把部队撤退，这绝对不行。"约德尔赶紧应道："我马上起草复电。"复电还附有一张表格，上面列举了双方编制的数目，却不问其实力和装备如何。这种虚假的比较法，是希特勒在反驳前线指挥官们时常用的手法。

3 月 7 日早些时候，仍旧站在 713 高地上的隆美尔收到了复电。希特勒的拒绝使他惊恐万状。隆美尔突然感到身体像散了架似的，头晕目眩，难以支撑。他气呼呼地将电文一扔，转身钻进汽车，驱车下山。别人代写的隆美尔的日记中有这样一段话："在回司令部的途中，总司令决定马上接受治疗——一刻也不再耽误。"

在梅德宁失败后，隆美尔已得出这样的结论：对德国和意大利部队来说，留在非洲是"明摆着的自寻死路"。

1943 年 3 月 9 日上午 7 时 50 分，心情沉重的隆美尔元帅终于在他的众多将军的欢送下，含泪登上了飞往罗马的飞机。

在飞机上极目远眺，苍山如刃，大漠苍茫，昔日的战场依稀可辨，昔日的辉煌则如过跟云烟，烟消云散了。

别了！这片熟悉的土地！

别了！勇敢的非洲军团士兵！

这一年的5月13日，负责整个指挥的意军总司令梅塞陆军元帅向第8集团军投降，至此，非洲战争全部结束，德意军队以惨败告终。

■ 突尼斯人民打着胜利的手势迎接盟军的到来

第8集团军对北非战场最后的胜利所作的贡献是巨大的。它把隆美尔和他的军队赶出埃及、昔兰尼加、的黎波里，然后协同第1集团军将他们全歼在突尼斯。从阿拉曼到突尼斯相距大约4800公里，第8集团军却在短短3个月内拿下的黎波里，6个月内拿下突尼斯，创下了史无前例的光辉业绩。

6月初，英国首相丘吉尔在蒙哥马利的纪念册上题词：

敌军在突尼斯全军覆没，最后投降总数达 27.5 万人。这标志着阿拉曼战役以及进军西北非这个伟大战役的胜利结束。祝你们在以往的成就和新的努力的基础上，取得更加辉煌的胜利。

温斯顿·丘吉尔

1943 年 6 月 3 日于阿尔及尔

第六篇
致命的一击

盟军为什么选择在西西里岛登陆？墨索里尼为何被意大利国王免职并拘禁？盟军虽未进入意大利本土，但整个南欧战役却已成尾声，意大利的退出战争也已成定局，这是什么原因？

一、“爱斯基摩人”登陆计划

1943年1月，冬季的寒冷仍侵袭着每一片土地，同盟国也没有停下脚步，召开卡萨布兰卡会议，确定下一步战略目标。军事计划人员认为，可实施突击的地点有两个：一个是西西里岛，一个是撒丁岛。其中，撒丁岛的防守较弱，并可作为袭击意大利北部工业中心的轰炸机基地。

但是，该岛唯一的不足是缺少一个足以实施大规模两栖突击的港口。而攻占西西里岛虽然难度系数很高，但可以更直接地威胁意大利，甚至迫使它退出战争；同时，攻占了西西里岛，可确保西西里海峡的安全，并使盟军有机会消灭更多的轴心国军队。丘吉尔及其参谋长们认为，攻陷西西里另外重要的意义是将导致墨索里尼政府的倒台，并使意大利退出战争，从而为同盟国在地中海的下一步军事行动打开通路创造有利条件。他们还希望，由此而给轴心国部队造成的打击将促使土耳其放弃中立，加入对轴心国的作战。尽管美国军方人员对此不是很热衷，但他们也认为，在1944年能够登陆法国之前，欧洲战区的盟军部队不能浪费宝贵的时间，要争取每一次机会，而西西里自然成为一个攻击目标。

同盟国领导人一致认为，在轴心国的国土上建立一个立足点，会挫败轴心国的斗志，同时必将大大提高同盟国的士气。因此，会议最终确定西西里岛作为攻击目标，代号为“爱斯基摩人”登陆行动。战役目的是保证地中海海运安全，调走一部分苏联战场的德军兵力，将意大利逐出战争。盟军的参谋长们建议，首先进攻西西里，然后根据情况的变化再确定地中海的其他攻击目标。盟军参加这次登陆战役的兵力为第 15 集团军群，司令为英国的亚历山大将军，下辖英国第 8 集团军（司令蒙哥马利将军）和美国第 7 集团军（司令巴顿将军），总兵力 47.8 万人。英国海军上将坎宁安被任命为盟军海军司令，拥有各类战斗舰艇和登陆船只 3200 艘。空军由英国空军中将特德指挥，拥有作战飞机 4000 余架。盟军地中海战区总司令艾森豪威尔将军担任战役总指挥。经过周密的部署后，战役已经悄悄地展开了。

计划制订人员同时认为，战役的成功取决于 3 个必不可少的因素：制海权、制空权和快速夺取港口。鉴于英国海军在地中海的优势，第一个因素不成问题。唯一的问题是第二因素，能够得到岸基航空兵充分支援的唯一登陆地点，是在利卡塔和锡腊库扎之间的西西里东南角沿岸地区。而该地区的 3 个港口，远远无法满足攻占西西里岛的大批盟军部队对补给品的需要。因此，计划人员再次提出，首先攻占西西里岛上那些盟军战斗机能够实施空中掩护的登陆场，然后建立机场，扩大战斗机的掩护范围。在一切准备就绪之后，再在巴勒莫和卡塔尼亚的主要港口附近实施登陆，这样才能万无一失。

这个计划却遭到亚历山大和蒙哥马利的反对。他们认为，这样一来，轴心国的增援部队很可能突破兵力分散的盟军部队，因此，他们要求在西西里岛上能得到盟军战斗机掩护的某一地区，实施一次单一的、大规模登陆突击。至于后勤支援保障，海军计划人员认为，由于得到了大批新研制的坦克登陆舰和数百辆水陆两用载重汽车强有力的增援，进攻的陆军部队可以在现有的几个港口的支援下，通过西西里岛东南面的海滩进行及时有效的补给。5 月初，经过深思熟虑后的艾森豪威尔将军批准了这个新的大规模登陆突击的计划。

西西里战役计划规定，进攻部队分编为东线（英军）和西线（美军）两支部队，分别在西西里岛南部和东南部海岸实施登陆。在顺利上岸后继续向北展开进攻，不能延误战机，要迅速夺取全岛。运载这两支地面部队的海军突击兵力是肯特·休伊特海军中将指挥的西部海军特混舰队和伯特伦·拉姆齐海军中将指挥的东部海军特混舰队。

休伊特将军的西部海军特混舰队搭载美军部队，分为3个编队，代号分别是J编队、D编队和C编队。其任务是在西西里东南部杰拉湾海岸长达60公里的正面上实施登陆，夺取包括利卡塔港、杰拉港和斯科利蒂渔村在内的登陆场。拉姆齐将军的东部海军特混舰队搭载英军部队，分成4个编队，其任务是夺取西西里岛南部的帕基诺半岛和位于锡腊库扎海岸防御之外的诺托湾沿岸地域。整个登陆正面长达160公里，可以说东部海军特混舰队将面临着重大挑战，这也是第二次世界大战期间登陆正面最为宽大的一次登陆战。参加最初登陆的部队达47万多人，其中美、英军各半，这也是第二次世界大战中在登陆突击阶段投入兵力最多的一次，甚至大大超过了一年以后的诺曼底登陆，足见此次登陆的重要性和紧迫性。美军搭乘580艘船只和登陆舰艇，携带1124艘登陆艇，从比塞大以西的北非各港口出发；英军则从东地中海和突尼斯出发，使用了818艘船只和登陆舰艇，以及715艘登陆艇。此外，另有一支全部由英国舰艇组成的掩护部队也在秘密地展开行动，其中包括6艘战列舰、2艘航空母舰、6艘轻型巡洋舰和24艘驱逐舰，由英国海军中将威利斯指挥。他的任务是掩护上述盟军的两支登陆部队，随时提防意大利舰队可能的袭击，为登陆部队解除后顾之忧。登陆日定在1943年7月10日凌晨2时45分。

5月19日，亚历山大将军发布作战指令，将西西里战役划分为5个阶段：（1）海、空军采取初步措施竭力摧毁轴心国的空军部队及其基地，以确保制海权和制空权。（2）在空降部队的援助下，于拂晓前实施两栖突击，确保包括海岸附近机场和利卡塔及锡腊库扎的港口在内的登陆场。（3）建立一个宽大的基地，以此为跳板夺取奥古斯塔、卡塔尼亚以及杰比尼机场。（4）占领上述地区。（5）攻陷该岛。指令要求，英军将全力以赴直抵墨西拿，并控制墨西拿海峡，从而切断轴心国的主要补给干线。与此同时，美军在保护其翼侧的同时占领重要机场。攻占墨西拿后，英、美两支军队即实施机动战，以便使轴心国军队在埃特纳火山以北或以西某地陷入重重包围，不得脱身，防止其有机会逃回意大利本土。

为达成战役突然性，使轴心国相信盟军的主攻目标是希腊，其次是撒丁岛，盟军采取了一系列欺骗掩护措施，如散发假情报，将一具带着伪造作战文件的“威廉·马丁少校”的尸体投到西班牙海岸。这些文件很快落到德国特务手中，德军最高统帅部看到文件后信以为真，没有经过周密的分析就误认为盟军将在撒丁岛或希腊登陆，于是很“听话”地将德军装甲师和鱼雷舰艇纷纷调往该地。

二、登陆战役拉开帷幕

随着登陆日的临近，盟军开始对西西里岛的空军设施及其附近岛屿实施一系列打击，提前扫清障碍，打开通路。班泰雷利亚岛是意军的飞机和鱼雷艇基地，位于突尼斯和西西里岛之间。盟军为了夺取这一重要的前进基地，在进行了为期 10 天的狂轰滥炸之后，于 1943 年 6 月 11 日夺取了该岛，俘虏意军 1.1 万人，盟军仅损失 40 名飞行员，不到 20 架飞机。两天以后，盟军又占领了附近的利诺萨小岛和兰皮奥内岛。至此，盟军控制了西西里海峡的所有岛屿，肃清了轴心国的前沿阵地，为盟军的进一步行动提供了重要保障。

从 7 月 3 日起，同盟国空军开始对西西里岛、撒丁岛和亚平宁半岛南部的机场、港口、潜水艇基地以及工业中心展开猛烈空袭，摧毁许多重要目标，迫使德、意军的远程航空兵将其基地撤至意大利北部。墨西拿海峡的 5 艘火车渡轮也被击沉了 4 艘，西西里岛与意大利本土的联系更为困难。到开始登陆时，盟军对制空权和制海权的行动已取得巨大成功。

1943 年 7 月 9 日下午，来自突尼斯、阿尔及利亚、埃及的盟军护航队分别抵达马耳他岛东面和西面的集结地区。但此时的气候急剧恶化，海上刮起强劲的西北风给盟军的登陆造成一定的困难。不久，登陆艇便在汹涌的波浪中颠簸蹒跚起来，甚至大型运输舰的舰首也不时地隐没在波涛骇浪之中。恶劣的气候对于盟军的空降作战和两栖登陆极为不利。天气预报表明，日落时风速将降低。艾森豪威尔将军决定，仍按原计划进行。尽管航行异常困难，突击舰队仍保持基本队形井井有条，按预定时间接近指定海滩。

7 月 10 日凌晨 2 时 30 分，盟军在英、美军登陆区各空降 1 个师，拉开了西西里战役的帷幕。由于风速过大，导航系统不良，加上缺乏一定的空降经验，造成 133 架滑翔机中有 47 架坠入海中，大部分空降兵未能在指定地点着陆。按计划抵达目标区的少数空降兵迟滞了意军后备队向登陆滩头的进军。

与此同时，盟军两栖突击舰队顺利抵达预定登陆点。在空降兵登陆 15 分钟后，盟军在夜色和风暴的掩护下，以首批 8 个师的庞大兵力在 160 公里长的西西里海岸线上实施登陆：蒙哥马利指挥英国第 8 集团军在锡腊库扎以南登陆，巴顿的美国第 7 集团军在杰拉湾登陆。面对盟军的突然袭击，德意军猝不及防，盟军很快摧毁了海滩防线，防守海岸的意大利师几乎未加抵抗便仓皇撤退。这样，防守的重任几乎全部落在德国师肩上。

驻守在离海岸 32 公里的赫尔曼·戈林师，于第二天早上匆匆赶往美军第 1 步兵师登陆点——杰拉平原，企图将其赶回大海。由于海滩拥挤，风浪过大，美军的坦克和大炮尚未起卸上岸。结果，德军坦克从平原上冲杀过来，摧毁了美军前哨，并直接冲到连接海滩的沙丘地带。在这紧急关头，盟军并没有慌了阵脚，而是采取了及时的回击措施，盟军海军舰炮以猛烈而准确的炮火打退了德军的攻势。另一支德国纵队和一个“虎式”坦克连对美军第 45 师左翼的威胁性冲击也被彻底地打退。

而在没有遭受任何反击下，英军登陆突击进展比较顺利。到 11 日晚，盟军即攻占了纵深 5 公里至 15 公里的两个登陆场，并着手向内陆进军。此刻，阻止岛上的 27 万轴心国部队逃往意大利本土，便成为取得这次战役全面胜利的关键。西西里岛东北角的墨西拿，距意大利“脚趾”仅 5 公里，是德意军唯一的撤退通路。要想把住这一关，盟军必须赶在轴心国部队之前进抵墨西拿。英第 8 集团军挥师北上，12 日占领重要港口锡腊库扎和奥古斯塔。蒙哥马利遂“决定以极大的努力，从伦蒂尼地区向卡塔尼亚平原突破”，并下令“在7月13日晚上发动一次主攻”，首先要夺取的重要目标是离卡塔尼亚南边几公里的锡美托河上的普利马索莱桥。为此，英军投入大量空军，并使用了1个伞兵旅，但是同德军空投到战线后方的1支伞兵分遣队遭遇。14日，德军占领桥梁。英军主力随后开到，与德军进行了3天激战，终于不负众望夺回了这座桥梁，并重新打开了通往卡塔尼亚平原的道路。到7月18日，盟军占领了该岛南部所有地区。

7月12日，盟军进攻西西里岛的第三天，德军南线总司令凯塞林元帅乘飞机抵达该岛了解形势。他分析出意大利的抵抗已经土崩瓦解，在这种情况下，守住这个岛屿是不可能的。希特勒获悉后，知道了事态的严重性，第二天便亲自接管了西西里岛的指挥权，并发布了一项命令。命令中说：“在大批意军被消灭以后，只靠我们自己的部队把敌人赶下大海，力量是不够的。因此，我们的目的将是阻滞敌军的进展，并把敌军阻止在埃特纳火山西侧使其前进不得。”为了展开阻滞行动，德军统帅部决定向西西里增援大批部队和坦克、重炮、飞机，并将岛上大部兵力调往该岛东岸中部的卡塔尼亚城周围，抵抗英军的进攻。同时其后备部队布满直通96公里外的墨西拿的东海岸路线上，积极配合作战，以掩护该岛通往墨西拿海峡东岸的道路。

7月17日，德军紧接着下达了下一步行动的指令：“我们不再期望能够守住西西里岛。重要的是打一场拖延战，以便为稳定大陆的局势争取更多的时间。然而，最重要的是在任何情况下都不得使我们的3个德国师遭受损失，最低限度也要保存下我们宝贵的人员。”根据指令，德军又得到第29装甲榴弹师和休伯将军（目前由他负责西西里岛的作战）统辖下的第14装甲军的增援，其任务不是确保西西里防线，而仅仅是实施阻击战，并掩护轴心国部队安全撤退。由于英第8集团军距墨西拿比美第7集团军近，因而轴心国派出了德军精锐部队在埃特纳地区牵制蒙哥马利，轴心国其他部队则纷纷向北面和东面后退，向墨西拿海峡撤去。

轴心国军队在卡塔尼亚南部平原加强防御，第8集团军的进军受阻。蒙哥马利被迫将其主力向西转移，兵分两路实施突击：第13军直接进攻卡塔尼亚，第30军向左，从西侧绕过埃特纳火山进行迂回进攻。按原计划攻打墨西拿应由蒙哥马利指挥的第8集团军担任主攻，巴顿指挥的美军第7集团军掩护其翼侧，进行支援。但是，英军主力的西调，占据了美军翼侧前进路线，巴顿于是不失时机地改变作战计划，遂向盟军地面作战总司令亚历山大请战，要求进攻西端的巴勒莫。获准后，巴顿立即率部向西西里中部猛攻，同时在最左翼投入几支机动纵队，沿岛屿的西缘进攻；7月22日，美军如愿以偿地占领巴勒莫，西西里岛西部约4.5万名意大利军队投降。这一胜利大大挫伤意军的士气，此时的他们只剩下墨西拿一个港口了。

与此同时，英军在东、西两侧的攻击均已减弱，部队开始染上疟疾，战斗力迅速下降。而美军攻占巴勒莫后很快于7月31日到达圣斯蒂法诺，主攻任务遂改由巴顿的第7集团军担任。为切断轴心国军队的退路，盟军决定于8月1日发动新的攻势，并从北非调来美军第9师和英军第78师，总兵力增至12个师。8月1日，盟军对西西里东北部轴心国防线发动进攻，美军部队占领了该岛北岸的3个重要城镇。8月5日，英军攻克卡塔尼亚。从8月7日至8月16日，仅9日之内盟军就发动4次小规模两栖跃进，试图加速进展，拦截撤退的轴心国军队，但均因行动迟缓，没有达到预计效果。8月17日，轴心国的撤退行动全部结束。在盟军海、空军部队严重截击失败的情况下，越过墨西拿海峡撤往意大利本土的德军3个师官兵共计39569人（4444名伤员），意大利官兵6.2万人；携带装备包括9800辆车辆、47辆坦克、135门火炮、2000多吨炸药和1.5万吨其他物资。

8月17日晨，美军第3师进入墨西拿。第8集团军一部不久也进抵该城。当天，全部歼灭了轴心国在该岛的残余兵力。德意军总计损失约16万人（被俘意军达14万余人），其中德军1.2万人。盟军死、伤、失踪人数总计2.2万余人（英军损失近1.2万人）。

同盟国以损失不到5%的代价实现了“爱斯基摩人”战役的大部分目标，虽没有取得全部成功，但一定程度上使同盟国在地中海的交通线安全完全得到保障。这次胜利促使墨索里尼垮台，极大地提高了同盟国在中立国家心目中的地位。然而，盟军未能充分利用制空权和制海权优势，行动迟缓，致使近半数的轴心国军队逃脱。

三、墨索里尼政权垮台

盟军在北非、地中海战场的节节胜利，导致意大利国内局势日趋紧张，加速了墨索里尼政权的垮台。

意大利于1940年6月正式参战后，不到半年的时间，公众便对战争产生极度厌恶的心理，尤其是意军在希腊和埃及的失败使他们不再信任所谓一贯正确的领袖了。连续3年的战争及其失利，更让意大利经济濒于崩溃。由于英国对地中海实行海上封锁，意大利长期依赖进口的粮食逐渐减少，普通意大利人的面包定量每人每天只有150克，咖啡、汽油和肥皂等日常生活用品只能在黑市上见到。人民生活十分困难，不满情绪日益高涨，对墨索里尼法西斯政权采取了抵制的态度，反法西斯和反战活动频繁发生。1943年3月，米兰和都灵爆发了有13万人参加的大规模罢工，要求获得"和平与自由"。威尼斯和热那亚两地的工人云集响应，都纷纷加入罢工的洪流。这是意大利出现的第一次反政府示威，致使军工生产陷于停顿，意大利政府岌岌可危。

在法西斯集团内部，也有不少人意识到战争不得人心，并对墨索里尼表示不满。法西斯的头面人物齐亚诺等人在1942年底便打算与同盟国媾和，力求摆脱战争困境。墨索里尼遂于1943年2月改组内阁，撤销了齐亚诺外交大臣一职和格兰迪司法大臣一职，但仍未能挽救摇摇欲坠的法西斯统治。

在对外战争的压力下和国内政治经济危机的冲击下，墨索里尼企图以缩短战线的办法避免战争失败以及随之而来的国内革命。1943年4月7日，墨索里尼在同希特勒的会晤中提出，希望德国与苏联单独媾和，目的是抽出兵力增援南欧战线，这一建议遭到希特勒的坚决反对。而此时墨索里尼欠佳的健康状态，双方在巴尔干问题上的尖锐矛盾，以及意大利重新开始在其阿尔卑斯边境修筑旨在针对德国的工事，令希特勒忧心忡忡寝食难安，最令他担心的是意德关系的日趋恶化，会对法西斯战争造成不利的影响。希特勒为防止意大利单独退出战争，加强了对意大利的严密控制，迅速将一大批德军调往意大利。尽管德国就这一举动作了充分解释，仍然引起意大利人的疑心。而意大利的这种疑心，又反过来增加了希特勒对意大利的不信任情绪。5 月中旬，希特勒暗中制订了占领意大利的军事计划——“轴心”行动。

盟军于 1943 年 7 月 10 日进攻西西里岛，意大利本土面临遭到攻击的危险，意大利的失败已成定局，无法挽回。3 天后，希特勒秘密命令西西里岛的德军指挥官，“悄悄地排挤意大利指挥机构……自己接管西西里岛桥头堡的全部指挥权”，并授权墨西拿海峡德军司令官在万不得已时由德国人占领意大利岸防炮兵连阵地。基于当前形势，7 月 19 日，希特勒同墨索里尼两国首脑人物在意大利费尔特雷进行了一次重要的会晤。希特勒再次给墨索里尼鼓劲，并保证继续向其提供援助。尽管墨索里尼心里赞同顾问们意大利不能继续打下去的意见，但他又不敢对希特勒当面提出，尤其是背弃德国人就意味着投降或法西斯主义的灭亡，这是墨索里尼所无法容忍的。就在同一天，来自北非和中东的美国第 19 航空队的 500 余架轰炸机首次轰炸了罗马，美军投弹 1000 吨，炸死约 2000 人，城市重大建筑物圣洛伦佐皇宫也遭巨大破坏。轰炸对意大利的冲击是巨大的，也加速了意大利的垮台。

意大利法西斯的其他领导人越来越清楚地认识到，必须除掉墨索里尼。在以罗伯托·法里纳契为首的资深法西斯头目的提议下，7 月 24 日，意大利“法西斯大委员会”举行会议。会上，墨索里尼作了关于国内形势、前线局势以及同希特勒会晤结果的重要报告，让他始料未及的是随后便受到法西斯同党的尖锐批评。经过长达 10 小时的唇枪舌剑，由反对党领袖之一格兰迪起草的决议案提交大会表决。该议案要求墨索里尼全部交还篡夺的，由法律和宪法规定属于国王、议会、大臣和大委员的“合法权力”，将全部军队交由国王指挥，并向国王提出寻求一项更可行的政策，使意大利免遭进一步破坏。议案授权国王“做出最高决断”，表决结果以 19 票对 7 票的绝对优势通过了这项对墨索里尼的不信任决议案。

7 月 25 日，墨索里尼晋见国王，要求国王严厉惩处那些投票反对自己的人，重新任命一批大臣，并继续进行战斗。可是国王表示，鉴于战争已失败，军队士气低落，墨索里尼已成为意大利人最痛恨的人，因此必须辞职，他已任命巴多利奥元帅接替首相职务。墨索里尼离开国王后即被逮捕，监禁在马达莱纳岛。

■ 1945 年 4 月，墨索里尼携情妇逃往德国途中被游击队抓获，28 日被处决，这是他们的尸体倒挂在米兰广场。

7 月 26 日，新上任的首相巴多利奥组成摒除所有法西斯领导人的新内阁，拉法埃莱·瓜里利亚任外交大臣。意大利新政府解散了法西斯党，宣布全国戒严，禁止一切政治集会。至此，持续 21 年的意大利法西斯统治宣告结束。

四、"雪崩"计划

在1943年1月同盟国决定攻打西西里之后，英、美两国在如何击败德国的战略问题上再次出现分歧。英国主张继续进攻意大利，认为这是攻占西西里之后的必然步骤，也是必然趋势，只需要再投入若干师和登陆艇，便可取得意义重大的胜利。英国计划人员认为，只有在德军驻法国的兵力减少到不超过12个师的情况下，盟军横渡英吉利海峡的进攻才能取胜；而减少德军兵力最可靠最有效的途径是迫使意大利退出战争。这样，纳粹德国就不得不派兵接替驻巴尔干半岛的24个意大利师。此外，盟军进攻意大利还能带来一个更大的战果，可以夺取福加周围的机场，进而加强对德国的轰炸攻势。顺利的话，甚至可以打通一条从南面攻入德国的辅助路线，为进攻德国提供一定的保障。

美国人则重申他们的观点：只有进攻西欧，方能打败德国。美国人指出，进攻意大利是达到了牵制德军的目的，但同时也会拖住盟军兵力，从而迟滞横渡英吉利海峡的进攻作战。

1943年5月，突尼斯战役刚告结束，罗斯福和丘吉尔以及盟军联合参谋长会议在华盛顿召开（代号"三叉戟"），会议旨在根据北非、苏联和太平洋战场的胜利局势，统一认识，确立英、美新的战略和军事行动计划。会议决定，进攻西北欧的行动（"霸王"计划）定在1944年5月1日实行；确定了在意大利西西里登陆的时间（7月10日）和地点。登陆完成后，盟军将实施一切必要行动，彻底击败意大利，将其逐出战争。双方终于达成一致进攻意大利意见，但美国人附加了一个重要条件，即此次作战只能动用已在地中海的部队，而且还要从这些部队中抽出 7 个师撤回英国，作为日后“霸王”行动的部队中坚。英国人则明确表示保证参加定于 1944 年 5 月 1 日实施的进攻法国的作战。一切准备就绪，西西里岛战役也随之拉开了帷幕。

西西里岛战役开始仅 1 周，盟军便瓦解了意大利军队的抵抗意志，证明了两栖登陆战理论的可行性，并摸清了轴心国军队的实力。该战的胜利，打破了德国大陆战略家关于地中海是他们的堡垒的护城河这一信念，坚定了盟军进攻意大利本土的信心，同时也加速了胜利进程。1943 年 7 月 17 日，艾森豪威尔决定，在结束西西里战役后，进攻意大利本土，利用在北非和西西里集结起来的巨大人力和物力，一举击败意大利。

7 月 25 日，墨索里尼政权垮台，英、美两国战略家的意见也完全趋于一致。7 月 26 日，美国参谋长联席会议同英美联合参谋长委员会在确定了登陆点后，共同向艾森豪威尔发布命令：“为让现有资源尽早发动进攻，你应即刻制订在萨莱诺湾实施登陆的计划。”盟军打算从萨莱诺湾进入意大利本土后，即向意大利南部发动进攻，其目的是夺取那不勒斯港和福加机场，为下一步作战行动铺平道路，同时，在意大利战场，牵制尽可能多的德军部队，以利于苏联战线和即将开辟的欧洲第二战场的作战行动。

1943 年 8 月 1 日，盟军确定了参加意大利南部战役的指挥系统和作战兵力。艾森豪威尔仍担任地中海战区盟军最高司令官，下辖的三军指挥官分别为海军上将坎宁安、陆军上将亚历山大和空军上将特德。地面作战兵力为第 15 集团军群（司令亚历山大将军），辖美国第 5 集团军（司令马克·克拉克将军）和英国第 8 集团军（司令蒙哥马利将军），总计 19 个师，其中英军 10 个师。

在经过半个月的精密部署后，8 月 17 日，同盟国首脑及其高级军政人员召开第一次魁北克会议。联合参谋长委员会向会议提交了关于《在意大利的军事行动》的总结报告，对盟军在地中海区域的行动计划作了深入细致的阐述，并很快得到会议的批准。计划总共分为三个阶段。

第一阶段：迫使意大利退出战争，在罗马地区建立空军基地，如有可能，再向北推进；

第二阶段：占领撒丁岛和科西嘉岛；

第三阶段：不断压迫驻意大利北部的德军，并为实施“霸王”战役和盟军攻入法国南部创造有利条件。

为实现上述目标，盟军精心制订了作战计划。亚历山大将军曾考虑过意大利本土的3个登陆点：那不勒斯北部、那不勒斯湾和萨莱诺湾。第一个登陆点由于海岸过陡和处于岸基战斗机的支援范围以外而被淘汰。那不勒斯湾整个海岸线防守严密，正面进攻太冒险，因而也被排除了。经过再三权衡就只有萨莱诺湾了。该地距那不勒斯约48公里，位于驻西西里的“喷火”式战斗机最大作战半径之内，在得到有效战斗机掩护方面仍不是很乐观，但是有5艘航空母舰担任直接支援，从而大大改善了空中支援状况，避免了孤军作战。

为保障萨莱诺湾登陆成功，作战计划要求英国第8集团军一旦结束西西里作战，应尽快强渡墨西拿海峡，在亚平宁半岛南端卡拉布里亚雷焦地域夺占登陆场，以便把德军从盟军的主要突击方向——萨莱诺湾吸引过来，牵制意大利南端之德军（作战代号为“湾城”）；尔后，美国第5集团军在萨莱诺湾登陆，向那不勒斯挺进。盟军上岸后进攻的直接目标是萨莱诺港及其城市、蒙特科维诺机场和通往那不勒斯的山间隘口，英军和美军登陆袭击队负责夺取这些目标。而此时美军将从南面掩护英军翼侧，扩大登陆场的纵深和宽度。然后，与从卡拉布里亚北上的英国第8集团军会合，共同占领包括那不勒斯在内的整个意大利南部。萨莱诺湾作战计划代号为“雪崩”。

在这次登陆突击中，美国的休伊特将军负责指挥“雪崩”行动中的所有两栖部队和英国海军掩护部队，其中包括北部攻击部队的英军2个师，南部攻击部队的美军2个师，另有2个师乘船在海上作为第二梯队。按预定计划，26艘运输舰、120艘坦克登陆舰和90艘坦克登陆艇，将在萨莱诺湾内相隔约13公里的两处海滩上遣送部队登陆。盟军的这次登陆将得到7艘巡洋舰、2艘浅水重炮舰和35艘驱逐舰，以及一支由5艘护航航空母舰和10艘驱逐舰组成的航空母舰支援部队的大力增援。英国皇家海军还提供一支由4艘战列舰、航空母舰“光辉”号和“可畏”号以及20艘驱逐舰组成的掩护部队。这些支援部队极大地保障了登陆突击行动，并取得了协同作战成功。

五、希特勒应对意大利投降的对策

墨索里尼政权垮台以后，意大利巴多利奥新政府为避免德国占领罗马进行报复，一方面极力宣称意大利仍是德国的一个“积极的盟国”，战争不会停止；另一方面，又想在不蒙受正式投降耻辱的前提下，秘密寻求退出战争的途径。

1943年7月底，意大利新政府向英国驻梵蒂冈公使和罗斯福总统派驻私人代表询问，能否向各自的政府转交意大利秘密媾和建议书。由于当时尚不确定巴多利奥政府的真实意图，美英两国断然拒绝了这一试探。8月15日，意大利总参谋长安布罗西奥将军的参谋长朱塞佩·卡斯泰拉诺将军，奉命前往西班牙拜访英国驻马德里大使，交给他一封巴多利奥元帅的信。信中表明意大利愿意无条件投降——如果意大利能加入同盟国的话；盟军一旦在意大利本土登陆，意大利政府立即准备加入同盟国共同对抗德国。

鉴于意大利新政府有投降意向，8月18日，正在魁北克举行会议的罗斯福和丘吉尔，命令艾森豪威尔派遣其参谋长、美国沃尔特·比德尔·史密斯将军，和盟军地中海司令部情报处处长英国肯尼思·斯特朗将军，前往葡萄牙里斯本与意大利特使卡斯泰拉诺将军进行谈判。他们带去了在魁北克会议上经过充分讨论后决定的军事投降条件，其中包括意大利立即停止军事行动，海军和空军撤往盟军指定的地点并自愿接受同盟国的指挥，立即撤回在国外各战场作战的军队，盟军有权使用意大利的机场和军事基地。次日，双方在葡萄牙首都的英国大使馆会晤，同盟国代表递交通牒并通知卡斯泰拉诺：艾森豪威尔将军将按照现在交给他的这些条件，接受意大利政府的无条件投降，意方代表有 10 天的期限将此决定通知意大利政府。8 月 31 日，史密斯将军在西西里岛再次会见卡斯泰拉诺，后者表示，由于此时意大利正处于德国控制之下，停战不可能在同盟国要求的时间，即盟军完成登陆意大利以前宣布。在遭到拒绝之后，卡斯泰拉诺当晚即返回罗马请示其政府。9 月 3 日下午，在西西里，盟军代表史密斯将军和意大利代表卡斯泰拉诺将军经正式授权，签署了短期停战协定，生效日期为萨莱诺湾登陆日。届时，意大利将宣布投降，退出战争。这样，盟军进攻意大利本土的一个主要目的——将意大利逐出战争，在开始进行前就提前达到了，这大大加快了盟军前进的脚步。

希特勒对意大利新政府有可能与同盟国讲和并背弃德国已有所预料，他及时采取了对策。7 月 26 日，墨索里尼倒台第二天，德军最高统帅部即命令原拟赴希腊担任指挥任务的隆美尔“在阿尔卑斯山集结部队，并作好进军意大利的准备”。8 月 16 日，希特勒下令隆美尔及其部队越过边界，进入北意大利，借口是：减轻意大利人保卫北部领土的重担，以便他们增援南部，因为盟军随时会在南部登陆。尚未公开倒戈的意大利政府对此无法拒绝。就这样，9 月初，隆美尔率领的 8 个德国师顺利地在意大利的阿尔卑斯山边站稳了脚跟，有力地支援了南部的凯塞林部队。

到 9 月 3 日意大利签署投降协定那天，意大利境内共有德军 16 个师，分为驻北部的 B 集团军群（司令隆美尔元帅）和驻中部、南部的 C 集团军群（司令凯塞林元帅）。两个集团军群都担负两项任务：第一，一旦意大利投降，两个集团军群便解除附近的意大利部队的武装并夺取其装备。第二，B 集团军群负责保障阿尔卑斯隘道畅通，配合凯塞林部队，使其不致陷入被包围的境地。C 集团军群则负责击败盟军的登陆。

六、意大利无条件投降

1943年9月3日凌晨4时30分，在海、空军的凶猛火力掩护下，英国第8集团军部队（加拿大第1师和英国第5师）实施“湾城”行动，在卡拉布里亚雷焦地域顺利上岸，没有遭到任何抵抗。第5师沿西海岸推进，加拿大第1师沿东海岸推进，一路畅通无阻。当晚，英军主力部队占领卡托纳和圣乔瓦尼，7天内推进160公里，于10日到达卡坦扎罗一线。

由于兵力不足，凯塞林无法阻止蒙哥马利的部队从意大利“脚趾”部向北推进，但他判断出“湾城”行动是支援作战，因此只派出2个师对英军进行阻滞，用其余的师保护罗马和那不勒斯地区。凯塞林命令驻守在萨莱诺（他估计盟军会在此地登陆）的第16装甲师的大部兵力和1个伞兵团在登陆地区及其后面构筑工事，在海滩上铺设地雷和铁丝网，在萨莱诺湾布设水雷，从山上一直到海边都配置了火炮；此外还部署了坦克，以进行反突击。凯塞林还拟定了迅速向萨莱诺调集兵力的计划，作好了在南部进行持久抵抗的准备。然而，隆美尔却主张放弃意大利南部和中部，而在波河流域南面的亚平宁防线上作最后的死守，因为这条防线缩短了海岸防线，守方可以借此优势以少胜多。希特勒折中地采纳了隆美尔和凯塞林的建议，命令凯塞林在意大利南部进行抵抗，但又不给他调派足够的兵力来防守萨莱诺和那不勒斯，从而影响了凯塞林的反击准备工作。

9月3日至6日，参加萨莱诺登陆突击的各部队分别从奥兰、阿尔及尔、比塞大和的黎波里出发，并在西西里以北与从巴勒莫出发的部队会合，然后于9月8日向萨莱诺推进。当天下午6时30分，盟军的北部和南部突击部队沿两条平行线抵进萨莱诺湾时，艾森豪威尔将军通过无线电广播了停战通知，宣布意大利无条件投降："意大利政府已经命令其军队无条件投降。联合国家和意大利武装部队之间的敌对行动立即终止。现在，所有采取行动把德国侵略者从意大利国土上驱逐出去的意大利人都将得到联合国家的援助和支持。"约2小时后，意大利政府首脑巴多利奥元帅通过罗马电台宣布了停战宣言。意大利人民欢呼雀跃，立即加入打击德国侵略者的行列中。

■ 1943年9月5日，意方代表在西西里岛盟军司令部签署停战协定。

意大利与同盟国的停战协定公布后，德国即付诸实施数周前准备的反措施——"轴心"方案：解除意大利军队的武装，接管意大利的所有政权机构和通信设施。

萨莱诺盟军登陆兵力为克拉克将军指挥的美国第5集团军，下辖美军第6军（4个步兵师）和英军第10军（2个步兵师、1个装甲师）。登陆正面宽约96公里，包括萨莱诺及其以南和以西海湾沿岸地区。开赴萨莱诺的盟军部队听到意大利无条件投降的消息后，盲目乐观，放松警惕，产生轻敌思想，这是导致登陆不顺利的因素之一。

9月9日凌晨3时30分，萨莱诺之战开始。盟军第一梯队3个步兵师分两路行动。北路英军（第46师和第56师）主要登陆地点在萨莱诺以南数公里的海滩，登陆伊始即遭到德军的猛烈炮击，损失惨重。尽管有盟军舰炮的火力支援，第一登陆突击队仍遭到德军顽强抵抗。第一天，先头部队向内陆推进了3公里，但伤亡重大，未能占领预定要攻占的主要目标——蒙特科维诺飞机场以及公路的交叉要道。

南路美军（第36步兵师）则在佩斯通附近的4个海滩上实施登陆。在没有舰炮和飞机火力支援的情况下，部队冒着德军的猛烈炮火靠近海岸，首批突击部队绕过德军的坚固支撑点，在指定的会合区集中。接着，水陆两用载重汽车把榴弹炮和弹药运送上岸。陷入德军火网之中的登陆部队用这些武器在直射距离上奋力抗击着德军的坦克和步兵。到中午，尽管个别海滩已被德军的火力严密封锁，但美军还是在其登陆地段建立了一个尚不稳固的立足点。夜幕降临时，美军左翼向内陆推进约8公里，右翼仍被阻于海滩附近。虽然第5集团军在头一天占领了所有预定的海滩，但在南、北这两个登陆地段的登陆场仍然处于极不稳固状态。次日凌晨，英军第56师占领机场及公路交叉点，德军第16装甲师遂将其大部兵力向北调往英军战区。美军借机扩大桥头堡，并以预备部队第45师大部登陆。在盟军的舰炮和飞机的火力支援下，至9月11日日终前，美军第36师向前挺进了15公里，英军的几个师占领了萨莱诺及其以南沿岸地带，纵深约20公里。德国人突然发现盟军的支援舰艇发挥了重大作用，立即将空中攻击的重点转向军舰，炸伤盟军战列舰和巡洋舰各1艘。

到9月12日，第5集团军的登陆场稍有扩大，但尚未达到规定的范围。同时，已登陆的盟军4个师仍被遏制在两个彼此隔开的滩头堡，原计划第 3 天到达那不勒斯的希望落空了。到此时为止，德国已有 5 个师到达萨莱诺地区，他们集中了 600 辆坦克和机动炮，准备沿着盟军登陆地段的分界线——塞莱河向下游实施全面反击。德军的企图是对第 5 集团军采取集中兵力分而歼之作战策略，各个击破。

9 月 13 日，得到增援的德军发起强大反攻，以迅猛之势冲进美、英军之间的缺口，将其截为两部，迫使盟军退至离海岸 3 公里以内的地方，处境极为危险。面对着这样的不利局势，克拉克将军不得不要求休伊特拟订一个后撤北部盟军部队或南部盟军部队，并重新实施登陆的计划，同时要求盟军统帅部予以增援。为保住登陆场，盟军立即采取紧急措施，火速增援岸上部队。盟军向登陆场空降了美军空降兵第 82 师。14 日，盟军地中海战场所有飞机出动轰炸德军及其运输线。同时，十几艘军舰发射的猛烈而准确的炮火攻击有效阻止了德军向海滩的推进。由于增援及时，到 15 日，盟军部队已巩固了自己的阵地。9 月 16 日晨，德军集结兵力兵分两路对英军战区再次发动强大攻势，企图扭转局势，遭到盟军火炮、舰炮、坦克和飞机的猛烈袭击，损失惨重，反击遂告失败。同日，追击德军部队的英国第 8 集团军部队在萨莱诺西南 60 公里处与美国第 5 集团军会师。

至此，盟军第 15 集团军群在亚平宁半岛构成了一条统一的战线。凯塞林认识到，重新夺取登陆场会付出很大代价，德军也没有足够的兵力兵器继续抵抗，遂决定放弃萨莱诺和那不勒斯，向北撤至沃尔图诺河后面的一条既设防线。

在萨莱诺登陆战中，盟军损失近 1.5 万人（第 8 集团军仅 600 人），德军损失 8000 人。在实施萨莱诺登陆战的同时，英国第 1 空降师奉命占领塔兰托港，向福贾方向猛攻意大利半岛的“脚跟”和“小胫”部分。9 月 9 日下午，英国第 1 空降师 6000 人搭乘英国军舰，在 2 艘英国战列舰和 1 个驱逐舰中队的掩护下，经扫过雷的海峡向塔兰托疾驶，顺利驶进东面的意大利海军基地塔兰托港，占领了这个可供 1 个集团军使用的头等海港及其附近的各个机场，取得了不小成绩之后，英军越过意大利东南部，向北 176 公里处的福贾地区的重要机场进军。

与此同时，根据停战协定，意大利舰队逃离热那亚、拉斯佩齐亚和塔兰托等地，于9月10日抵达马耳他，并正式向英国地中海舰队司令坎宁安海军上将投降。

9月21日，意大利战场盟军总司令亚历山大将军下达继续进攻意大利的任务和未来作战计划：（1）巩固萨莱诺—巴里一线阵地；（2）占领那不勒斯和福贾；（3）占领罗马；（4）进攻佛罗伦萨和阿雷佐。预定在年底前夺占罗马及其机场和罗马以北的公路、铁路枢纽等。同时，盟军奉命全力追击沿意大利西海岸向北撤退的德军，予以歼灭。次日，有丰富战斗经验的英国第78师在东海岸的巴里登陆，加强了第8集团军的陆上力量。27日，英军占领福贾，并向西北推进。此时，1/4的意大利领土已从希特勒军队占领下获得解放。

9月29日，艾森豪威尔将军同巴多利奥元帅在马耳他英国"纳尔逊"号战列舰上，签订了全面的《意大利投降书》。投降书在9月3日签订的停战协定基础上，进一步规定了"意大利应遵守的其他政治、经济和财政性质的条件"。投降书条款明确规定，扩大同盟国在意大利的统治权，将意大利领土上的一切物质财富置于同盟国控制之下。10月13日下午3时，在同盟国的要求下，意大利巴多利奥政府对德国正式宣战。英国、美国和苏联三国政府发表联合宣言，"承认巴多利奥元帅所声明的意大利王国政府的立场，并且接受意大利国家和武装部队的积极合作，将它们看作在对德战争中的一个共同交战国"。

德军在撤退时为了拦截出击的盟军破坏了那不勒斯港及其城市，然而，同盟国海军很快疏通了那不勒斯港，支援陆军顺利通过了萨莱诺海滩。10月1日，第5集团军进入那不勒斯。10月3日，盟军沿东海岸对北面80公里处的泰尔莫利发动突击，从而牢牢控制了福贾地区的所有机场。这些机场成为同盟国空军从南欧出发，对欧洲的德国占领区实施战役空袭的主要基地。

凯塞林下令北撤，但仍向希特勒表示，他能够在罗马以南地区实施有效的阻滞战，并要求批准他构筑一条"冬季战线"，这是从

■ 意大利市民走出家门，欢迎盟军的到来。

罗马以南地区横贯亚平宁半岛最狭窄处的一连串防御阵地。鉴于迟滞盟军进攻意大利的行动有效，希特勒同意了凯塞林的要求，于10月1日下令在未来数月坚守罗马以南防线，而不是继续北撤。

10月6日，盟军抵至沃尔图诺河至泰尔莫利一线。对德军来说，这里只是一条临时防线，仅为他们在北部地区组织更坚固的防御争取更多的时间。在整个10月和11月的前两个星期，德军在进行防守的同时，后撤至那不勒斯西北40英里处的“冬季防线”。11月15日，亚历山大将军鉴于部队打得太艰苦且进展日渐缓慢，命令盟军暂停进攻。意大利战势陷入僵局。

至此，盟军已占领了意大利南部，夺取了一系列重要港口和机场，从而能迅速提供兵力及补给，为尔后占领整个意大利创造了有利条件。